Ute Wehrle · Hans Jürgen Kugler

Alles klar, Herr Kommissar?

Ute Wehrle · Hans Jürgen Kugler

Alles klar, Herr Kommissar?

Kuriose Kriminalfälle in Baden-Württemberg

Silberburg-Verlag

Ute Wehrle ist gebürtige Freiburgerin und studierte Touristik-Betriebswirtschaft in Heilbronn. Sie arbeitet als Journalistin und hat mehrere Regio-Krimis, die in ihrer Heimatstadt spielen, verfasst. Von ihr stammt auch ein Lesebuch, in dem Freiburg humorvoll und mit Insiderblick präsentiert wird.

Hans Jürgen Kugler, geboren 1957 in Villingen, studierte Philosophie und Germanistik in Freiburg. Der freiberufliche Journalist, Autor und Lektor schreibt regelmäßig für die »Badische Zeitung«, für verschiedene Literaturzeitschriften und für die Bühne. Er wurde mit dem Wissenschaftler- und Journalisten-Preis »Hauptsache Biologie« und für sein Stück »Aus dem Staub« beim Dramatikerwettbewerb des Göttinger Universitätstheaters ausgezeichnet. Kugler lebt bei Freiburg.

1. Auflage 2016

Umschlaggestaltung: Anette Wenzel, Tübingen.
Bildnachweis: Beek100: S. 53; Bredehorn.J/pixelio: S. 45; Hic et nunc (talk): S. 28; Jörn Kerckhoff: S. 26; Hans Jürgen Kugler: S. 41, 93, 109, 110, 112, 115, 120, 133; Polizei Freiburg / Hans Jürgen Kugler: S. 113, 114; PP OG: S. 59; Tim Reckmann/pixelio: S. 89; Rike/pixelio: S. 17; W. R. Wagner/pixelio: S. 54, 97; André Zimmermann/pixelio: S. 47.
Coverfotos: © Vasiliy Koval – 123RF, © studioaraminto – iStockphoto.
Quelle Seite 134: Kurt Lehr, »Kriminalgeschichten aus Freiburg«, Schillinger Verlag, 2003.
Druck: CPI books, Leck.
Printed in Germany.

ISBN 978-3-8425-1496-6

Inhalt

Vorwort

Einbruch, Diebstahl, Sachbeschädigung, Verkehrsunfall, ganz zu schweigen von Mord und Totschlag – Polizisten haben meist nicht viel zu lachen. Manchmal aber doch! Da verläuft sich ein Einbrecher schon mal im Heizungskeller oder bei einem Banküberfall wird statt des Geldausgabeautomaten der Kontoauszugsdrucker geraubt – aber das auf höchst spektakuläre Weise. Zudem ist der Arbeitsalltag von Polizisten oft abwechslungsreicher als gedacht, denn die Gesetzeshüter sorgen nicht nur für Recht und Ordnung, sondern betätigen sich zuweilen auch als Klempner, Vogelfänger oder Igel-Retter.

Unter ihnen gibt es auch unermüdliche Sammler wie den ehemaligen Kriminalhauptkommissar Günther Boetsch aus Buggingen, der viele Jahre lang dem Morddezernat in Freiburg angehörte. Ihm ist es zu verdanken, dass manch skurriles Verbrechen nicht in Vergessenheit geriet. Im Laufe seines Berufslebens hat er unzählige Beweisstücke zusammengetragen, die im ehemaligen Kriminalmuseum Freiburg ausgestellt wurden. Die Anekdoten, die mit den Exponaten verbunden sind, erzählt er in einem eigenen Kapitel. Länger zurück liegen auch die aufsehenerregenden Verbrechen, die im letzten Kapitel aufgeführt sind – und manche, so wie der gewaltsame Tod von Kaspar Hauser – konnten bis heute nicht endgültig aufgeklärt werden.

Eigentumsdelikte der besonderen Art

Leergut

Harte Arbeit führt nicht immer zum Ziel. Davon können unbekannte Einbrecher in **Kornwestheim** ein Liedchen singen. Nachdem die Täter sich über einen Nebeneingang in einer Bäckerei gewaltsam Zugang zum Ladenraum verschafft hatten, stahlen sie zunächst aus der Theke einen kleineren Bargeldbetrag. Die größere Beute aber witterten sie offenbar in dem rund 600 Kilogramm schweren Tresor, an dem sie sich mit viel Anstrengung zu schaffen machten und den sie schließlich mit einem geeigneten Fahrzeug abtransportierten. An ihrer Beute allerdings dürften die Diebe wenig Freude gehabt haben – der Geldschrank war nämlich leer.

Ab in den Keller

Schlechte Vorbereitung und mangelnde Kenntnis des Tatorts ließen einen Einbrecher scheitern, der sich für seinen Raubzug eine Tankstelle in **Rheinfelden** ausgesucht hatte. Wohl um nicht unnötig auf sich aufmerksam zu machen, suchte er sich als Einstieg ein Fenster auf der Rückseite des Gebäudes aus. Dort schlug er zwei Scheiben ein und schickte sich an, in das Gebäude zu klettern. Dortselbst angekommen, musste er allerdings feststellen, dass er sich mit seiner Aktion lediglich gewaltsam Zutritt zu einem Heizungskeller und einem Toilettenraum verschafft hatte. Offensichtlich beschämt von seinem Misserfolg zog der verhinderte Einbrecher ohne Beute wieder ab. Allerdings hinterließ er einen Schaden in Höhe von mehreren Hundert Euro.

Beherztes Foul

Laufstärke, Einsatzbereitschaft und Abschlussstärke sind für Fußballer die wichtigsten Tugenden. Das mussten zwei junge Kosovaren schmerzhaft feststellen, die nach einem missglückten Einbruchsversuch von den Bewohnern bemerkt wurden und ihr Heil in der Flucht vor der Polizei suchten. Diese Situation bekamen die Sportler des TSV **Benningen** (bei Ludwigsburg) bei ihrem Training auf dem Fußballplatz mit. Statt ihrem Ball hinterherzujagen, verlegten sich die Spieler auf die Verfolgung der beiden verhinderten Wohnungseinbrecher. Mit einem kurzen Sprint und einem abschließenden beherzten Foul konnte die kurze Verfolgungsjagd beendet und die Einbrecher der Polizei übergeben werden.

Falscher Kollege

Trotz einbrechender Umsatzzahlen scheint die Anziehungskraft der amerikanischen Fastfood-Kette McDonald's ungebrochen zu sein – zumindest bei Einbrechern. So verschaffte sich in **Freiburg** ein Mann zu mitternächtlicher Stunde Zugang zu den Umkleideräumen des McDonald's am Hauptbahnhof. Von den darin deponierten Firmen-T-Shirts und den Schuhen eines Angestellten fühlte sich der ungebetene Gast offenbar so angezogen, dass er selbiges umgehend mit den aufgefundenen Kleidungsstücken tat – nicht ohne zuvor noch ein Kässchen mit Spendengeld in dreistelliger Höhe mitgehen zu lassen. Einen Tag später allerdings fiel einem 30-jährigen Mitarbeiter der Fastfood-Filiale im Zug nach **Neustadt** ein Mann auf, der das erwähnte McDonald's-T-Shirt mitsamt den dazugehörigen Schuhen trug. Allerdings kam der vermeintliche Kollege dem Mitarbeiter nun überhaupt nicht bekannt vor, und er informierte die Polizei. Die konnte den Verdächtigen umgehend am Bahnhof in **Titisee-Neustadt** mitsamt dem geklauten Spendengeld festnehmen.

Wo ein Wille ist, ist auch ein Weg

Wo ein Wille ist, findet sich auch ein Weg, dachte sich ein Elfjähriger in einem Einkaufszentrum in **Rheinfelden**. Der junge Mann konnte den begehrten Elektroartikeln einfach nicht widerstehen, die in einem großen Spielautomaten als Gewinn lockten. Da der Junge offensichtlich nicht genügend Kleingeld bei sich hatte, um sich per Geldeinwurf berechtigte Hoffnungen auf einen Gewinn machen zu können, kletterte der Knabe kurz entschlossen durch den Gewinnentnahmeschacht in das Innere des Automaten. Als der junge Automateneinbrecher sich gerade die passenden Sachen aussuchen wollte, entdeckte ein Ladendetektiv den Jungen hinter der Glasscheibe des Geräts. Der Detektiv staunte nicht schlecht, rief aber dennoch umgehend die Polizei an. Die hielt den gemeldeten Sachverhalt zunächst für einen schlechten Scherz, wurde aber vor Ort schnell eines Besseren belehrt. Die Beamten walteten ihres Amtes, stellten die Identität des Knaben fest, machte dessen Eltern ausfindig und übergaben ihnen den Jungen – allerdings ohne die begehrten Elektroartikel.

Kaum gerafft, schon in Haft

Als schwer auf Zack erwies sich eine Hausbesitzerin aus **Schwäbisch Hall**, die nach einem Spaziergang bemerkte, dass ihr jemand den Schmuck aus der Wohnung geklaut hatte. Zu diesem Behufe hatte ein 53-jähriger Mann ihre Terrassentüre aufgehebelt. Sofort informierte die Geschädigte nach ihrer Rückkehr die Polizei. Und nicht nur die. Da die Frau zu Recht befürchtete, dass der Dieb versuchen würde, den Schmuck zu Bargeld zu machen, rief sie auch gleich noch mehrere Juweliere in der Innenstadt an, um diese vor dem Ankauf der gestohlenen Schmuckstücke zu warnen.

Und tatsächlich. Wenig später tauchte der Dieb wirklich bei einem der Juweliere auf und versuchte, ihm seine Beute anzudrehen. Da der nun aus erster Hand über die Herkunft der Ware Bescheid wusste, alarmierte der die Polizei, die den Einbrecher verhaften konnte. Die bestohlene Frau bekam nicht nur ihren Schmuck zurück, sondern erntete auch noch ein dickes Lob. »Da kommt sicherlich nicht jeder drauf, sie hat überaus überlegt und toll gehandelt«, sagte ein Polizeisprecher.

Kein Parkschein, aber Beute

Eine abgelaufene Parkuhr und eine gehörige Portion Dreistigkeit wurden einem Einbrecher aus **Karlsruhe** zum Verhängnis. Die Polizei musste nicht einmal ihr Revier verlassen, um ihn festzunehmen. Die Vorgeschichte? Der Mann hatte seinen Wagen an einer abgelaufenen Parkuhr abgestellt. Bei näherem Hinsehen entdeckten die Beamten im Fahrzeuginneren mehrere Geldkassetten, Taschen mit Münzgeld, viele Schlüssel sowie Hämmer und beschlagnahmten umgehend das Fahrzeug. Was wiederum den Einbrecher auf den Plan rief. Als der persönlich auf der Wache auftauchte, um sein Auto abzuholen, durfte er gleich dableiben. Frechheit siegt eben nicht immer.

Mops gemopst

»Ein Leben ohne Mops ist möglich, aber sinnlos« (Loriot) – die Offensichtlichkeit dieser tiefschürfenden philosophischen Einsicht erschloss sich den Stuttgartern am 13. Dezember 2013 unmittelbar. Besagter Mops war nämlich weg. Und zwar eine vergoldete Mops-Skulptur, den die Betreiber des Blogs »Kessel TV« auf einem Denkmal für den verstorbenen Humoristen Loriot vor dem Haus der Familie aufgestellt hatten. Unklar ist, wer die Figur gestohlen hat.

Zwei Jahre nach dem Tod Vicco von Bülows alias Loriot hatte die Stadt **Stuttgart** eine an eine ionische

Säule gemahnende Stele zum Gedenken an den bekannten Humoristen auf dem Stuttgarter Eugensplatz aufgestellt, an dem der Künstler als Kind wohnte. Als Ausdruck der tiefen Verehrung und »um dieser großen Persönlichkeit gerecht zu werden« hatten die Betreiber des Blogs eine 27 Zentimeter große vergoldete Mops-Skulptur auf die Säule gesetzt. Die Blogger schworen Stein und Bein, dass sie nicht wüssten, wo sich der gemopste Mops befinde, boten den Entführern aber ein Lösegeld von 38,95 Euro an. Die Betreiber des Blogs stellten die Vermutung in den Raum, dass das seinerzeit auch in Stuttgart wütende Sturmtief »Xaver« womöglich für das Verschwinden des Mopses verantwortlich sein könnte. Denn sturmsicher montiert hätten die Blog-Betreiber den Mops nicht, weil dies behördlicherseits »wiederum als Sachbeschädigung« gewertet worden wäre.

Auch Stuttgarts Oberbürgermeister Fritz Kuhn (Grüne) hatte sich eingeschaltet und im Internet kundgetan: »Ein Kriminalfall beschäftigt die Stuttgarter Stadtgesellschaft: Wurde der gemopste Mops gesichtet?«

Ungeklärt ist der aufsehenerregende Fall immer noch, aber immerhin hatten die Blog-Betreiber zwischenzeitlich ein Bekennervideo ins Netz gestellt, das unzweifelhaft belegen soll, wie die Blogger den Mops in einer Nacht-und-Nebel-Aktion mithilfe einer Leiter auf der 2,75 Meter hohen Stele montiert hatten.

Die Polizei hatte die Ermittlungen nach einiger Zeit eingestellt, nachdem sie erfahren hatte, dass der Mops kein fester Bestandteil des Denkmals war, sondern nachträglich hinzugefügt wurde. Ein Polizeisprecher sagte, da keine Anzeige vorliege, gebe es auch keine Geschädigten, keine Beschuldigten, keine Straftat, so sei das nun mal bei der Polizei.

Der goldene Mops blieb verschwunden, doch Stuttgart sollte nicht mopslos bleiben. Die »Stuttgarter Zeitung« rief eine Spendensammlung zur Wiederbeschaffung des verschwundenen Mopses ins Leben, die knapp 6000 Euro einbrachte. Der Stuttgarter Bildhauer Uli Gsell, der bereits die Säule gestaltet hatte, wurde beauftragt, diese nun mit einem Bronze-Mops zu krönen. Der Bildhauer ließ sich nicht zweimal bitten, goss die Statue und brachte sie an dem angestammten Platz an. Diesmal aber diebstahlsicher: fest verankert, eingemörtelt und verdübelt. In einer als »Flashmops« angekündigten Gedenkfeier wurde bei Blasmusik und Gratiseis der Bronze-Mops feierlich und hochoffiziell von Oberbürgermeister Kuhn enthüllt und den Stuttgartern in Erinnerung an die »heiteren Momente«, die Loriot verbreitete, übergeben. Dass Loriot stets das Spießbürgerliche aufs Korn genommen und damit für gesellschaftlichen Aufbruch gesorgt habe, mache Loriot zu einem »Kulturrevolutionär«, so der Oberbürgermeister.

Passwortklau à la Robin Hood

Jetzt hat er's amtlich – Passwortklau ist kein Kavaliersdelikt. Ein 16-jähriger Schüler aus **Stuttgart** wurde für vier Tage vom Unterricht ausgeschlossen. Da half auch aller juristischer Beistand und der Gang zum Verwaltungsgericht nichts – das Gericht entschied, dass der Schulverweis völlig zu Recht verhängt wurde. Der Schüler hatte Ende 2014 das Computer-Passwort eines Mitschülers im Computerraum der Schule entdeckt und dieses à la Robin Hood uneigennützig an Freunde und Mitschüler weitergegeben. Damit wurde dann fröhlich Missbrauch getrieben, unter anderem wurden auch pornografische Seiten heruntergeladen. Angesichts des schweren Fehlverhaltens, das der 16-Jährige an den Tag gelegt hatte, sei die Schulleiterin mit dem Schulverweis im Recht gewesen, so das Gericht.

Slips auf der Spur

»Also, normal ist das nicht«, sagte ein Sprecher der Polizei, die entlang einer Kreisstraße bei **Bad Mergentheim** auf eine ganze Reihe gebrauchter Dessous gestoßen war. Die Ermittler zählten 31 BHs und fünf Damenslips. Offensichtlich trieb ein mysteriöser Wäschedieb sein Unwesen, denn schon in den Wochen zuvor war im Wald und am Fahrbahnrand herrenlose Damenunterwäsche aufgetaucht. Die Polizei schloss einen Diebstahl von einer Wäscheleine nicht aus und bat um Benachrichtigung, falls jemand seine Höschen vermissen sollte.

Itsy Bitsy Teenie Weenie Honolulu Strandbikini

Jeder hat so seine Schwächen. Der nicht mehr ganz nüchterne Dieb, der im Erlebnisbad **Titisee-Neustadt** unterwegs war, stand jedenfalls aus unerfindlichen Gründen auf Bikinioberteile, die er aus dem Vorraum der Sauna entwendete. Pech für ihn, dass er bei seinem Treiben von einem Mann und seiner Freundin beobachtet wurde, deren Bikinioberteil ebenfalls verschwunden war. Noch größer vermutlich war seine Überraschung, als er an Ort und Stelle auch noch gleich festgenommen wurde – und zwar von einem Polizeihauptkommissar aus **Stuttgart**, der sich ebenfalls mit einigen Kollegen im Erlebnisbad vergnügte. Insgesamt acht Bikiniteile wurden schließlich im Spind des Mannes gefunden – unter anderem das einer Polizistin. Die Damen bekamen ihre Oberteile zurück, der Schaden belief sich auf rund 200 Euro.

Leichte Beute – Bikini.

Rutscht die Dose aus der Hose ...

Schon blöd, wenn man stolpert. Und wenn es sich bei der Stolperfalle zudem noch um Diebesgut handelt ... Jedenfalls kann ein Ladendieb in **Kornwestheim** dazu ein Lied singen. Der 23-jährige Mann hatte in einem Supermarkt zwei Getränkedosen bezahlt, aber noch mehrere Lebensmittel in seiner Hose versteckt. Dies blieb von zwei Angestellten jedoch nicht unbemerkt. Die beiden hefteten sich an die Fersen des Diebes, der flüchtete. Dabei rutschte dem Mann das Diebesgut durchs Hosenbein und er fiel zu Boden. Trotz der heftigen Gegenwehr des Diebes konnten ihn die Supermarktmitarbeiter bis zum Eintreffen der Polizei festhalten. Da der Mann unter Alkohol und Drogen stand, verbrachte er die Nacht auf dem Revier.

Wie im Kino

Unerwarteter Höhepunkt eines Schulausflugs. Die Klasse eines Gymnasiums in **Tauberbischofsheim** wurde zufällig Zeuge eines Überfalls auf ein Hamburger Juweliergeschäft. Die Jugendlichen hielten das dramatische Geschehen für einen Filmdreh und zückten sofort ihre Handys. Sehr zur Freude der Polizei, der nun genügend Videomaterial zur Auswertung zur Verfügung stand. Nach der Auswertung der Aufnahmen konnte die Polizei minutiös den Ablauf des Geschehens rekonstruieren. So ist auf den Videos zu sehen, dass einer der Männer in einem dunklen Anzug zum Zeitpunkt des Überfalls bereits in der Tür des Traditionsgeschäftes stand und als Türöffner fungierte, als sein Komplize mit einem silbernen Motorradhelm und einer schwarzen Tasche in das Geschäft stürmte. Der Anzugträger sei nicht maskiert gewesen, habe aber vermutlich eine Perücke getragen, so die Polizei. Dank der zahlreichen Handy-Videos, der Aufnahmen von Überwachungskameras und der vielen Zeugenaussagen waren die Ermittler noch eine ganze Weile damit beschäftigt, das Material auszuwerten.

Eindeutig zweideutig

Zwei kleine Buchstaben – große Wirkung. Vor allem, wenn sie regelmäßig geklaut werden wie in **Ravensburg**. Wiederholt wurden dort von der Fassade einer benachbarten Metzgerei und Bäckerei ein »s« und ein »r« entfernt. Warum ausgerechnet diese beiden harmlosen Buchstaben entwendet wurden? Nun, das eine Geschäft heißt »Frick« und das andere »Bussen«. Und mit ein bisschen Fantasie kommt man relativ schnell drauf, welches Wortspiel die unbekannten Täter mit ihrem Unfug beabsichtigten. Laut Polizei schlugen die Täter das erste Mal im Oktober bei der Bäckerei zu. Vier Wochen später fehlten die Buchstaben bei beiden Geschäften, zwischen Weihnachten und Neujahr kam es erneut zum Diebstahl. Für die Geschäftsleute bleibt zu hoffen, dass die Spaßvögel möglichst rasch die Vorpubertät überwinden.

Auch Klauen will gelernt sein

Klauen ist das eine. Seine Beute dann auch zu nutzen, das andere. Diese Erfahrung machte ein Dieb in **Heidelberg**, der an einem Samstagmittag das E-Bike einer 52-jährigen Frau aus **Dossenheim** vor einem Geschäft in der Hauptstraße gestohlen hatte. Der rund 3500 Euro teure motorisierte Edel-Drahtesel wäre für den Dieb theoretisch auch ein schönes Schnäppchen gewesen, allein die Tücken der Technik machten dem Dieb einen Strich durch die Rechnung. Das Schloss des E-Bikes zu knacken schien noch die leichteste Übung gewesen zu sein. Um das edle Gefährt dann aber auch in Gang zu bringen, bedurfte es schon höherer Weihen. Denn die bestohlene Dossenheimerin war so umsichtig gewesen, beim Abstellen ihres Gefährtes auch den Bordcomputer mitzunehmen – was die Nutzung des Hightech-Drahtesels unmöglich machte. So hatte der Dieb seine Beute wohl noch ein gutes Stück die Hauptstraße entlanggeschoben und es dann am Ausgang der Hauptstraße in Richtung Bismarckplatz zurückgelassen. Das geknackte Fahrradschloss hingegen hatte der Langfinger als Trostpreis betrachtet und mitgenommen.

Gut gebrüllt, Oma

Einen tüchtigen Schreck dürfte der Einbrecher bekommen haben, der die Fensterscheibe zum Badezimmer einer 90-Jährigen in **Karlsruhe** eingeworfen hatte. Die resolute Seniorin brüllte den Ganoven derart einschüchternd an, dass dieser auf der Stelle den Rückzug antrat. Dabei muss er ordentlich Fersengeld gegeben haben, denn trotz der sofort eingeleiteten Fahndung war der Mann nicht mehr aufzufinden.

Pech im Spiel

Wie die Teilnahme an einem Gewinnspiel ruckzuck zum Hausfriedensbruch ausarten kann, musste ein 31-jähriger Mann in **Künzelsau** erfahren, der sich an einem Gewinnspiel eines privaten Radiosenders beteiligte. Im Verlauf des Spiels wurden Hinweise über den Äther gesendet, wo der Hauptgewinn, ein Auto, auf seinen neuen Besitzer wartete. Auf der Suche nach dem Objekt der Begierde warf der Mann sämtliche Hemmungen über Bord, öffnete Garagen und Scheunen und betrat Privatgrundstücke. Sein seltsames Treiben wurde von besorgten Nachbarn beobachtet, die die Polizei verständigten – und statt des erhofften Hauptgewinns musste sich der Mann wegen Hausfriedensbruchs verantworten.

Verspätete Reue

Die Reue kommt manchmal spät, aber sie kommt. Zuweilen auch bei Dieben. Die Beamten des Polizeireviers **Pfullingen** jedenfalls staunten nicht schlecht über ein anonymes Schreiben, das sie bekommen hatten. Darin teilte ein reumütiger Dieb mit, dass vor dem Polizeirevier zwei Fahrräder stünden, die im vergangenen Jahr von ihm gestohlen wurden. Die umgehende Begutachtung des Tatorts ergab, dass in der Hofeinfahrt des Reviers tatsächlich zwei Fahrräder ordnungsgemäß abgestellt waren, die keinem der Beamten zugeordnet werden konnten. Der unbekannte Dieb erwies sich zudem als so umsichtig, die Räder mit einem Schloss gegen Diebstahl zu sichern und die dazugehörigen Schlüssel seinem Schreiben beizufügen.

Vergissmeinnicht

Mangelnde Sorgfalt bei der Tatausführung hat schon so manchen Ganoven überführt. Besonders leicht hatte es der Polizei in **Fellbach** ein offensichtlich vergesslicher Einbrecher gemacht. An einem Sonntagmorgen bemerkten Mitarbeiter eines Sicherheitsdienstes, dass in einer Firma im Fellbacher Stadtteil **Schmiden** eingebrochen worden war. Der Täter war zwar erfolgreich mit seiner Beute abgezogen, hatte zugleich aber eindeutige Spuren hinterlassen: seinen Geldbeutel mit Ausweispapieren und Bargeld. Die vom Sicherheitsdienst herbeigerufenen Beamten kontrollierten noch während der Spurensicherung drei Männer, unter welchen sich auch der Eigentümer des Geldbeutels befand. Der 25-jährige, stark betrunkene Tatverdächtige wurde festgenommen.

Allein unter Karpfen

Erst ins Wasser, dann ins Netz der Polizei geriet ein mutmaßlicher Einbrecher in **Stuttgart-Mitte**. Ein Anwohner meldete im Februar 2014 gegen 3.50 Uhr morgens, dass ein Unbekannter sich im Hinterhof eines Hauses zu schaffen gemacht hatte. An dem betreffenden Haus waren bereits die Gitterstäbe aufgebrochen worden, die zu einer Büroetage führten. Als die alarmierten Beamten eintrafen, stieg ein weiterer Mann aus einem Fenster und floh über ein Dach. Kurze Zeit später fanden die Polizisten den flüchtigen Einbrecher, der völlig durchnässt hinter einer Mülltonne im Hinterhof eines Hotels saß und gottserbärmlich vor sich hin schlotterte. Auf seiner Flucht vor der Staatsgewalt war der 37-Jährige offenbar in den Koi-Teich des Hotels gefallen.

Kein Stich in Gammesfeld

Gammesfeld ist ein auf dem Hochplateau der Hohenloher Ebene gelegener Ortsteil der Gemeinde **Blaufelden**. Überregionale Bekanntheit erlangte der Ort durch den Dokumentarfilm »Schotter wie Heu«, in dem 2002 die Raiffeisenbank Gammesfeld, eine der kleinsten Banken Deutschlands, und ihr einziger Mitarbeiter vorgestellt wurden. Wer konnte damals aber auch ahnen, dass die Bank wenige Jahre später erneut in den Mittelpunkt des medialen Interesses rücken sollte! Schuld daran war nicht die Finanzkrise, der die kleine Bank erfolgreich trotzte, nein – sie war Opfer von gleich zwei Banküberfällen. Und gleich zwei resolute Bankmitarbeiter machten klar, dass der langjährige Werbeslogan des Kreditinstituts, »Wir machen den Weg frei«, nicht für böse Buben gilt.

Der erste Überfall ereignete sich im Mai 2006. Der damalige Vorstand, der die von seinem Großvater gegründete Bank leitete, sah sich zusammen mit seiner Ehefrau plötzlich einem Bankräuber gegenüber. Der schlug erst die Ehefrau nieder, dann hielt er seine Pistole an den Hals des einzigen Bankmitarbeiters. Der ließ sich davon nicht beirren, redete beharrlich auf den Angreifer ein – und weigerte sich standhaft, den Tresor zu öffnen. Mit dem Inhalt der Portokasse trat der Räuber dann irgendwann die Flucht an.

2009 sollte sein Nachfolger ähnliche Erfahrungen machen. Als er kurz vor Mitternacht noch Unterlagen aus der Bank holen wollte, lauerten ihm zwei Männer am Hintereingang auf, sagten etwas von »Überfall« und schoben ihn ins Gebäude zurück, wo sich der Tresor befand. Doch der Überfall verlief anders, als von den Räubern geplant: Der beherzte Banker stieß einen der Männer zurück – und die Unbekannten, die ganz offensichtlich nicht mit so viel Gegenwehr gerechnet hatten, traten mit leeren Händen die Flucht an.

Die Sicherheitsvorkehrungen wurden nach dem zweiten Überfall verschärft, die Bank blieb bis dato von weiteren Überfällen verschont. Damit ist aber schon Schluss mit technischen Erneuerungen. Bis heute ist die Bank noch nicht online an die genossenschaftlichen Rechenzentralen angeschlossen; Überweisungen werden handschriftlich oder via Schreibmaschine auf Papier ausgefüllt und per Post zur Rechenzentrale geschickt.

R2-D2 gestohlen

Eine empfindliche Schlappe mussten die Vertreter der lichten Seite der Macht hinnehmen: Unbekannte hatten den aus den Star-Wars-Filmen bekannten R2-D2 vom Kreisel in **Laufenburg-Binzgen** entführt. Jawohl, einfach entführt. Und zwar direkt unter den Augen des Minion Bob, der dem pfiffigen Roboter dort Gesellschaft leistete. Oder hatten die Minions dabei am Ende selbst ihre Finger im Spiel? Bekanntermaßen sind Bob, Stuart und die anderen kleinen Wesen nicht so wählerisch, was die charakterlichen Vorzüge ihrer

Da waren sie noch vollständig: R2-D2 und Minion Bob auf dem Binzger Kreisel.

Vorgesetzten anbelangt. Unglücklicherweise hat eine Zeugenbefragung nichts ergeben, da der kauderwelschende Minion des Badischen nicht mächtig ist.

Wie man es dreht und wendet – R2-D2 ist verschwunden. Und die dunkle Seite der Macht hat im Kampf um die Herrschaft im Weltall entscheidend Boden gutgemacht. Helfen kann jetzt nur noch die Polizei vor Ort, egal ob mit oder ohne Laserschwert. Möge die Macht mit ihr sein.

Pleiten, Pech und Pannen

Verklemmter Student

Gründlich in die Hose gegangen sind die erotischen Eskapaden eines jungen Mannes aus den USA. Da wäre auch Sigmund Freud ratlos gewesen: Eine Person sei in einer Stein-Vulva steckengeblieben, so ein Notruf bei der Polizei in **Tübingen**. Diesen Alptraum erlebte ein amerikanischer Austauschstudent, der sich einer leicht abwegigen Mutprobe stellen wollte. Der offensichtlich mehr von seiner Libido als von Forscherdrang getriebene Hochschüler hatte es sich in den Kopf gesetzt, sich an der steinernen Vulva-Skulptur des peruanischen Künstlers Fernando de la Jara zu schaffen zu machen. Wohl um seine anatomischen wie kunsthandwerklichen Kenntnisse zu vertiefen, versuchte der Student sich in den engen Spalt des Kunstwerks hineinzuquetschen. Bei seinen Versuchen, tiefere Einblicke in das bildhauerische Werk des Künstlers zu gewinnen, rutschte Bruder Leichtfuß ab und blieb mit den Beinen in der Steinspalte stecken. 22 Feuerwehrleute waren nötig, um den jungen Mann aus der Marmormuschi zu befreien, »und zwar händisch, ohne Geräteeinsatz«, wie die Rettungskräfte beteuerten. Der Kletterer blieb unverletzt, auch die Skulptur nahm keinen Schaden. Tübingens amtierender Oberbürgermeister Boris Palmer erklärte, »auch unter Berücksichtigung maximaler Adoleszenzphantasien« könne er sich den

Kein begehbares Kunstwerk – hier geht es eng zu.

Unfallhergang nicht erklären, und »für eine solche Glanzleistung 22 Feuerwehrleute einsetzen zu müssen, verursacht geradezu seelische Qualen«.

Die aus rotem Veroneser Marmor gehauene Skulptur »Pi Chacán« des peruanischen Künstlers Fernando de la Jara steht seit 2001 auf dem Tübinger Schnarrenberg vor dem Institut für Mikrobiologie und Virologie des Universitätsklinikums Tübingen. Das einer weiblichen Scheide nachempfundene Kunstwerk betrachtet der Künstler als »Tor zur Welt«. Der aus der Sprache der peruanischen Indios entlehnte Name »Pi Chacán« bedeutet unter anderem so viel wie »Liebe machen«.

Gefährliche Maus

Mitunter birgt auch die Arbeit am Computer erhebliches Gefährdungspotenzial. Davon weiß der Hausmeister einer Schule in **Kehl** ein Lied zu singen. Im Eifer des Gefechts hatte sich der Handwerker bei der Hantierung mit der PC-Maus derart ruckartig bewegt, dass er sich die Schulter auskugelte. »Unter höchsten Schmerzen wählte der 58-Jährige um 9 Uhr den Notruf«, teilte die Polizei mit.

Der Mann musste mit dem Rettungswagen in ein Krankenhaus transportiert werden. Die Maus hingegen scheint dem Vernehmen nach den Arbeitsunfall unbeschadet und ohne weitere Verletzungen überstanden zu haben.

Luftbett geht in die Luft

Einfach mal Druck ablassen kann ins Auge gehen: Ein geplatztes Luftbett hat eine Wohnung in **Konstanz** verwüstet. Die ausgelöste Druckwelle schleuderte ein Wohnungsfenster und Teile des Rahmens 30 Meter weit auf die Straße. Der Bewohner habe eine elektrische Pumpe am Bett angebracht und das Zimmer verlassen, sagte ein Sprecher der Polizei. Die Pumpe tat fleißig ihren Dienst und erzeugte vermutlich einen enormen Überdruck, der das Luftbett schließlich zum Platzen brachte. Das zerstörte Fenster krachte auf einen Parkplatz und beschädigte mehrere Fahrzeuge. Zudem wurden Möbelstücke verschoben, der Laminatboden angehoben und eine Zimmertür zerfetzt. Die Schadenshöhe war zunächst unklar. Wo der Bewohner nun nächtigt, konnte die Polizei nicht ermitteln.

Ordentlich Druck abgelassen hatte auch ein Feuerlöscher in **Salach** (Kreis Göppingen), der sich wohl noch viel zu energiegeladen fühlte, um auf dem Schrott zu landen. Als ein Bagger auf dem Gelände einer ehemaligen Papierfabrik in einer Schrottansammlung den alten Feuerlöscher erfasste, explodierte das sechs Kilo schwere Behältnis und flog über eine Strecke von 300 Metern mitten hinein in ein Wohngebiet. Zeugenaussagen zufolge schlug das Geschoss neben einem Auto auf und zerbrach in zwei Teile. Der einzige Geschädigte bei diesem explosiven Vorfall blieb glücklicherweise der Feuerlöscher.

Fremde im Bett

0.45 Uhr: Durchdringende Schreie gellen durch die Sommernacht und schrecken die Bewohner einer Wohnsiedlung in **Diersburg** (Ortenau) aus dem Schlaf. Die entsetzten Hilferufe eines Mannes, der anscheinend in höchster Not war, drangen weithin hörbar durch ein in der lauen Sommernacht geöffnetes Schlafzimmerfenster, konnten aber nicht genauer lokalisiert werden. Die erschreckten Anwohner liefen auf der Straße zusammen und alarmierten die Polizei. Zwei Streifen gingen von Haus zu Haus, um das vermeintliche Verbrechen zu verhindern. Der nächtliche Aufruhr auf der Straße machte auch ein junges Ehepaar neugierig und sie erkundigten sich bei den Nachbarn, was denn der Grund für den Polizeieinsatz sei. Als sie von den mysteriösen Hilferufen hörten, fiel es den beiden wie Schuppen von den Augen, und sie konnten Entwarnung geben. Der 33-jährige Mann war nach einem Alptraum mitten in der Nacht aufgeschreckt und hatte beim Aufwachen seine Frau nicht erkannt. Er hielt sie für einen Einbrecher, geriet in Panik und schrie. Ehe ihn seine Angetraute beruhigen konnte, hatten die besorgten Anwohner bereits die Polizei verständigt.

Nackte Fremde im Bett

Nicht jeder und vor allem nicht jede ist entzückt, wenn sich in ihrem Bett unerwartet eine nackte Frau findet. So erging es einer Seniorin in **Baden-Baden**, die ihr Bett bereits belegt vorfand, als sie sich schlafen legen wollte. Der unerwartete 57-jährige Gast war durch eine zum Lüften geöffnete Tür in das Haus der Seniorin eingedrungen und hatte sich in aller Ruhe erst einmal eine ausgiebige Dusche gegönnt, bevor sie sich in das Bett der älteren Dame zum Schlafen zurückzog. Die Hausherrin zeigte sich ob des überraschenden Besuchs doch zunehmend irritiert und wandte sich hilfesuchend an eine Nachbarin, die ihr riet, sich mit der Polizei in Verbindung zu setzen. Die herbeigerufenen Beamten holten die stark angetrunkene Frau aus ihrem seligen Schlummer und boten ihr an, sie mit dem Streifenwagen nach Hause zu geleiten. Für die nackten Tatsachen in fremder Bettstatt hatte die Frau eine simple Erklärung: Sie habe das Haus der Seniorin mit dem eines Bekannten verwechselt.

Falsch verbunden

Eine 65-jährige Dame aus **Offenburg** staunte nicht schlecht, als abends plötzlich zwei Polizeibeamte vor ihrer Tür standen. Die Frau hatte sich auf einen gemütlichen Fernsehabend eingerichtet und war eigentlich nicht auf einen Besuch vorbereitet. Die Beamten waren zwar dienstlich unterwegs, hatten aber nicht vor, der Dame Ungemach zu bereiten, sondern erkundigten sich lediglich besorgt nach ihrem Befinden. Der Grund für den unerwarteten Besuch hatte allerdings indirekt mit ihrem Fernsehabend zu tun. Die Frau hatte ihre Lesebrille verlegt und aus Versehen die Fernbedienung ihres Fernsehgerätes mit dem Telefon verwechselt. Bei der Auswahl des Programms hatte sie dann unbedacht den Notruf 112 angewählt.

Ganz großer Mist

Mist gebaut hat die Polizei in **Schwäbisch Gmünd** nicht. Aber sie musste sich damit beschäftigen. Eine Frau kam mit einer im Wortsinne anrüchigen Paketsendung auf das Polizeirevier, das ihr in der Woche zuvor zugestellt worden war. Unter dem Packpapier fand sich eine Geschenkverpackung mit Schleife und ein Hinweis auf einem Zettel mit der Aufschrift »Unangenehme Überraschung«. Das war nicht übertrieben – das übel riechende Paket enthielt Elefantenmist. Wie sich bei Nachforschungen ergab, gibt es im Internet eine Firma, die auf Wunsch anonym Elefantenmist verschickt. Die Firma wirbt für ihre Dienstleistung: »Nach dem Geldeingang ist es uns ein Vergnügen, die Scheiße für Sie einzupacken und an den gewünschten Empfänger zu schicken.« Nicht ohne den wiederholt genannten Hinweis, dass auch wirklich, wirklich der Name des Bestellers nicht genannt werde. Die Polizei vermutet von daher, dass es sich bei dieser Paketsendung um einen schlechten Scherz eines Bekannten der Frau handelte.

Glockenläuten zu unchristlicher Zeit

Süßer die Glocken nie klingen – allerdings alles zu seiner Zeit. Deshalb war der Pfarrer in **Gäufelden-Öschelbronn** auch alles andere als begeistert, als er früh am Morgen um 4.25 Uhr unsanft von dem Geläute aus dem Schlaf gerissen wurde. Der nun hellwache Kirchenmann, der zunächst an einen technischen Defekt glaubte, machte sich auf den Weg zur Kirche und schaltete die Glocken aus, um sich und seinen Schäfchen einen ungestörten Weiterschlaf zu ermöglichen. Kaum zu Hause angekommen, klingelten nicht nur seine Ohren, sondern auch die Glocken erneut. Also wieder zurück zur Kirche. Dieses Mal entdeckte der Pfarrer jedoch zwei dunkel gekleidete Gestalten auf der Kirchentreppe, worauf er die Polizei verständigte. Da in der Kirche weder etwas gestohlen noch beschädigt worden war, ging es den beiden Tonkünstlern wohl lediglich um einen schlechten Scherz.

Perfekte Kostümierung

Ein gutes Kostüm ist an Fasnacht die halbe Miete. Wenn es allerdings zu gut geraten ist, kann dies ungeahnte Folgen haben. So geschehen in **Freiburg**. Schmotziger Donnerstag war's, als ein Mann mit schwarzer Maske, einer Einsatzweste und einer Schusswaffe am frühen Morgen seinen Schritt in die Mattenstraße lenkte, wo sich Kindergärten und Schulen befinden. Eine aufgeschreckte Frau informierte die Polizei, die schwerbewaffnet mit mehreren Einsatzwagen anrückte und den Verdächtigen stellte. Der dürfte ebenfalls den Schreck seines Lebens bekommen haben, denn bei dem vermeintlichen Übeltäter handelte es sich um einen friedlichen 17-Jährigen, der als Kämpfer verkleidet auf dem Weg zu einer Fasnachtsveranstaltung in einem der Kindergärten war und sich unverhofft der geballten Polizeimacht gegenübersah. Nach dieser aufregenden Erfahrung kann man wohl davon ausgehen, dass dieses verhängnisvolle Fasnachtskostüm nicht mehr zum Einsatz kommen wird. Clown und Matrose sind doch auch nett, oder?

Rasenmäher gegen Ratten

Einen eklatanten Verstoß gegen das Tierschutzgesetz meinte ein empörter Bürger ausgemacht zu haben. In **Auenwald** (Rems-Murr-Kreis) wurde die Polizei alarmiert, weil besagter Bürger argwöhnte, dass sein

Nachbar gegen Maulwürfe auf seinem Grundstück vorginge, indem er die Abgase seines benzinbetriebenen Rasenmähers in die unterirdischen Behausungen leite, um die Störenfriede zu vergiften. Als die Beamten vor Ort eintrafen, schien sich der Verdacht zunächst zu bestätigen. Der Grundstückseigentümer hatte seinen Rasenmäher tatsächlich in Betrieb, allerdings ohne die Abgase ins Erdreich zu leiten. Darob befragt antwortete der Mann, dass er den Rasenmäher nur laufen lasse, um der Rattenplage in seinem Garten Herr zu werden. Seinen Beobachtungen zufolge ließen sich die lästigen Nager durch die Vibrationen des Rasenmähers vertreiben. Die Polizisten sorgten dennoch dafür, dass der Rasenmäher ausgeschaltet wurde und in Zukunft nicht mehr zweckentfremdet würde. In Hinsicht auf die angesprochene Rattenplage wurde die Gemeinde informiert.

Ungewöhnliche Verstöße im Straßenverkehr

Navi geht baden

Hin und wieder ist es ganz hilfreich, dem eigenen Augenschein mehr zu vertrauen als den Anweisungen des Navigationsgerätes. Eine ortsunkundige Fahrerin eines Peugeot bewies ein solch unerschütterliches Vertrauen in ihre elektronische Navigationshilfe, dass sie auf der Silberpappelstraße in **Winnenden** der Aufforderung umgehend nachkam, links abzubiegen. Mit dem für diese Aufgabe nicht geeigneten Fahrzeug fuhr sie ungerührt über vier absteigende Treppenstufen und landete schließlich in einem flachen See in einer Neubausiedlung. Die Fahrerin blieb glücklicherweise unverletzt, ihr Peugeot hingegen konnte nur durch einen Abschleppdienst aus seinem feuchten Parkplatz befreit werden.

Mit dem 40-Tonner in die Fußgängerzone

Vertrauen ist gut, Kontrolle ist besser – auf diesen Leitspruch Lenins hätte ein Fahrer eines Sattelzugs besser gehört, als blind den Anweisungen seines Navigationsgerätes zu folgen. Aufgrund fehlender Ortskenntnis vertraute der Brummifahrer den Angaben seines Navis, das ihn am Ende der Hebelstraße in **Rheinfelden** prompt in die Fußgängerzone lotste. Eingangs des Bürgerbüros ging für den 40-Tonner nichts mehr. Der fehlgeleitete Kapitän der Landstraße versuchte vergebens, sich durch ausgiebige Rangiermanöver aus seiner misslichen Lage zu befreien. Nach einem umgespitzten Verkehrsschild, der Beschädigung zweier Gebäude und eines Mülleimers musste die Polizei den verirrten Lkw-Fahrer durch die komplette Fußgängerzone lotsen. Bei dieser Gelegenheit mussten auch die Tische der dort angesiedelten Gaststätten kurzfristig abgeräumt werden. Mit einem Bußgeldverfahren beladen konnte der Sattelschlepper wieder seines – diesmal hoffentlich richtigen – Weges ziehen.

Niesattacke mit rasanten Folgen

Mit fatalen Folgen vom Weg abkommen kann man auch ohne technische Unterstützung. Dass mit einer ansonsten harmlosen Erkältung nicht zu spaßen ist, hatte ein 73 Jahre alter Autofahrer zwischen **Rippolingen** und **Bad Säckingen** am eigenen Leibe erfahren müssen. Aufgrund einer spontanen und unbeherrschbaren Niesattacke verriss der Fahrer das Steuer. Das Auto stieß gegen eine Felswand, prallte von dort ab, kam ins Schleudern, überschlug sich und blieb schließlich auf dem Dach liegen. Der Fahrer hatte Glück im Unglück und wurde nur leicht verletzt. Der Wagen hingegen erlitt Totalschaden.

Neben der Spur

Der schönste Tag im Leben einer Frau hat schon so manche Braut, egal welchen Alters, neben der Spur fahren lassen. So geschehen in **Hügelsheim** (Landkreis Rastatt) bei einer 77 Jahre alten Dame. Die Seniorin war in Gedanken derart in Hochzeitsvorbereitungen vertieft, dass sie mit ihrem Auto voll in ein Schaufenster fuhr. Die betagte Dame wollte ihren Wagen vor einem einschlägig sortierten Bekleidungsgeschäft abstellen und hatte vor lauter Aufregung vergessen, rechtzeitig anzuhalten. Die Frau blieb bei dem Vorfall glücklicherweise unverletzt, wie die Polizei mitteilte.

Wer nicht hören will …

Da konnte die Polizei noch so hupen und Signale geben: Ein 55-jähriger BMW-Fahrer war mit dem Handy am Ohr so ins Gespräch vertieft, dass er nichts um sich herum bemerkte und auch sämtliche Haltezeichen ignorierte. Der Mann war der Streife an einem Mittwoch gegen 19 Uhr in der Hauptstraße in **Freiburg** aufgefallen. Er stoppte sein Fahrzeug erst, als die Beamten mit dem Streifenwagen direkt vor ihn gefahren waren. Auch bei der anschließenden Kontrolle legte er sein Handy nicht aus der Hand und betonte, auf sein Fehlverhalten angesprochen, dass er ja nicht gesprochen habe. Einer Anzeige entkam er nicht, denn schon die Aufnahme des Handys während der Fahrt ist verboten.

Bruchpilot mit Ordnungssinn

Außerordentlich eilig hatte es ein Autofahrer in **Sindelfingen**. Wie Zeugen berichteten, überholte der verhinderte Formel-1-Pilot mit seinem Wagen ein anderes Auto – dies so rasant, dass er bei dieser Gelegenheit zunächst ein Straßenschild umfuhr und danach gegen ein Signallicht auf einer Verkehrsinsel prallte, das diese Kollision ebenfalls nicht unbeschadet überstand. Wie die Polizei mitteilte, machte sich der Bruchpilot zu Fuß aus dem Staub, nicht ohne zuvor das Fahrzeugwrack nach alter Gewohnheit ordnungsgemäß abzuschließen.

Weil's so schön war ...

Einmal ist keinmal, dachte sich wohl ein 46 Jahre alter Lastwagenfahrer aus **Baden-Baden**, der in **Freiburg** an ein und demselben Tag gleich zweimal einen Unfall baute – und zwar an derselben Stelle und aus exakt demselben Grund. Der König der Landstraße knallte gegen 8.25 Uhr mit dem Planenaufbau seines Lasters gegen das an der Bahnbrücke zwischen Heiliggeist- und Friedhofstraße angebrachte Hinweisschild (Verbot für Fahrzeuge über 3,60 Meter Höhe) und blieb daran hängen. Das kleine Malheur konnte den eiligen Brummifahrer allerdings nicht aufhalten – er fuhr einfach

Kann schon mal eng werden – Bahnbrücke in Freiburg.

weiter zu seiner Firma in Baden-Baden. Dort erwartete ihn bereits die Polizei und vernahm den Brückenrempler wegen begangener Fahrerflucht. Auch das scheint den leidenschaftlichen Lasterfahrer nicht weiter belastet zu haben, und er machte sich am Nachmittag wieder auf den Weg nach Freiburg – auf derselben Route, aber mit einem anderen Fahrzeug, das allerdings denselben Makel aufwies – es war ebenfalls zu hoch für die Güterbahnbrücke in Freiburg. Aus Schaden keineswegs klug geworden, rammte er die Brücke gegen 15.30 Uhr von der anderen Seite kommend – Schaden 5000 Euro. Das verbeulte Verbotsschild vom Vormittag schlug da mit 400 Euro noch vergleichsweise günstig zu Buche.

Rasender Nikolaus

Große Augen machten die Mitarbeiter der **Freiburger** Bußgeldbehörde, als sie die Fotos eines Radarmessgerätes auswerteten, denn der Temposünder konnte auf den ersten Blick identifiziert werden: Weißer Rauschebart und eine rote Mitra schlossen jeden Irrtum aus – es war der Nikolaus höchstpersönlich, der mit seiner Kutsche in die Radarfalle geraten war. Allerdings war der Liebling aller Kinder unschuldig, wie weitere Nachforschungen ergaben: Ein Auto hatte auf der Überholspur das Radarmessgerät ausgelöst, wurde aber durch die weihnachtlich geschmückte Kutsche völlig verdeckt.

Voll abgeblitzt

Einmal wegen zu schnellen Fahrens geblitzt zu werden, ist den meisten Menschen mehr als genug. Nicht so einer jungen Dame, die sich in **Backnang** fröhlich winkend von einer mobilen Blitzanlage porträtieren ließ – und das gleich viermal innerhalb kürzester Zeit. Die 18-Jährige, die ihren Führerschein gerade mal drei Monate hatte, war am frühen Abend in der Grabenstraße unterwegs, als sie eines mobilen Blitzers im verkehrsberuhigten Bereich gewahr wurde, der ein schönes Porträtfoto von ihr schoss. Die ungeteilte Aufmerksamkeit des elektronischen Geräts nahm die junge Dame offenbar zum Anlass, gleich noch einmal mit überhöhter Geschwindigkeit am Blitzgerät vorbeizufahren und zusammen mit ihren Mitfahrern frohgemut in die Kamera der Messanlage zu winken. Und weil's so schön war, wiederholte sie den Spaß noch dreimal. Die städtischen Vollzugsbeamten hingegen fanden die Aktion nicht ganz so lustig und informierten die Polizei, die unbeeindruckt ihres Amtes waltete und die junge Frau kurzerhand aus dem Verkehr zog. Neben einem erhöhten Bußgeld wegen viermaliger und vorsätzlicher Geschwindigkeitsüberschreitung durfte sich die Fahranfängerin noch einer Nachschulung unterziehen. Außerdem informierten die Beamten die Führerscheinstelle, die darüber zu befinden hatte, ob die junge Frau über die erforderliche charakterliche Eignung zum Führen eines Fahrzeugs verfügt.

Potzblitz!

Einen etwas rabiateren Umgang mit einem Blitzgerät legten drei junge Männer im Alter von 15, 16 und 18 Jahren an den Tag, die in **Wangen** (Allgäu) an den Otto-Konz-Brücken festgenommen wurden. Autofahrer, die beim Vorbeifahren auf der B 10 mehrere Personen gesehen hatten, die sich mit einem Schweißgerät am Standfuß eines Blitzers zu schaffen machten, hatten die Polizei verständigt. Als die Polizei am Tatort eintraf, entdeckten die Beamten zum einen das bereits abgetrennte stationäre Messgerät und zum anderen einen roten VW Sharan. Im Inneren des ordnungsgemäß mit eingeschalteter Warnblinkanlage auf dem Seitenstreifen abgestellten Fahrzeugs befand sich ein Schweißgerät. Der Fahrer des Sharan kehrte kurze Zeit später zu seinem Wagen zurück und gab nach eindringlicher Befragung zu, dass er den Blitzer mit dieser rüden, aber effektiven Methode beseitigen wollte. Denn dieses hatte die von ihm begangene Geschwindigkeitsüberschreitung schonungslos dokumentiert.

Rasende Bobbycars

Mit illegalen Rennen auf öffentlichen Straßen bekommen es Polizeibeamte immer häufiger zu tun. Eine besondere Variante dieser oft lebensgefährlichen Aktionen boten zwei junge Männer, die sich in **Neuffen** (Kreis Esslingen) ein Straßenrennen mit Bobbycars lieferten. Nachts um 23 Uhr düsten die beiden zur Tatzeit 21 und 29 Jahre alten Männer auf ihren umgebauten Kinderfahrzeugen durch die Altstadt in Richtung Hauptstraße. Zwei in einem regulären (ausgewachsenen) Streifenwagen vorbeifahrende Polizisten wurden auf die beiden Nachwuchsrennfahrer aufmerksam und sorgten für einen ungeplanten Boxenstopp. Wie die Polizei mitteilt, haben Bobbycars oder Seifenkisten im öffentlichen Verkehrsraum nichts zu suchen. Die niedrigen und in der Regel unbeleuchteten Gefährte ohne Knautschzonen könnten zu leicht übersehen werden – erst recht bei Dunkelheit.

Schneller, als die Polizei erlaubt.

Aller guten Dinge sind drei

Die Vorführung war zirkusreif. Am noch sehr frühen Morgen kurvte ein junger Mann auf einem Parkplatz in **Nürtingen** auf nur drei Rädern ziellos herum. Offensichtlich von Zweifeln an seinem eigenen Tun geplagt, rief der verhinderte Rallyefahrer um 3.50 Uhr bei der Polizei an und meldete, dass ihm ein Reifen an seinem Fahrzeug gestohlen worden sei. Als die Beamten am Ort des Geschehens eintrafen, konnten sie feststellen, dass an dem Gefährt tatsächlich ein Reifen fehlte. Wie Zeugen bestätigten, hatte dieser kleine Makel an seinem Pkw den 20-Jährigen allerdings nicht davon abgehalten, seit zwei Stunden auf blankem Felgen damit herumzufahren. Da die Beamten bei dem jungen Mann einen Alkoholpegel von mehr als einem Promille feststellten, gingen die Ordnungshüter davon aus, dass der junge Mann volltrunken gegen einen Bordstein gefahren war, wodurch sich der Reifen von der Felge verabschiedet hatte. Die Beamten hätten dem verwirrten Kreuzfahrer gerne vorsorglich die Fahrerlaubnis entzogen – allein, der junge Mann hatte zwar rudimentäre Fahrkenntnisse, aber keinen Führerschein.

Fahrerflucht im Ballon

Eine alltägliche Polizeimeldung, könnte man meinen: Ein Fahrzeugführer kollidiert mit einem Gebäude und begeht Fahrerflucht. Allerdings handelte es sich bei dem »Fahrzeug«, mit dem der Fahrer Teile der Fassade der Klinik in **Winnenden** beschädigte, um einen Heißluftballon. Ein Zeuge meldete der Polizei, dass ein gelber Heißluftballon von Südosten her das Klinikgelände in Winnenden überquerte und plötzlich an Höhe verlor. Kurz vor dem Bodenkontakt gelang es dem Ballonfahrer, den Brenner wieder in Betrieb zu setzen, und der Heißluftballon stieg wieder auf. In diesem Moment drückte eine Windböe die Gondel gegen

Von wegen Luft hat keine Balken ...

die Dachkante des Gebäudes, Teile der Fassade splitterten ab und fielen zu Boden. Die 10 bis 15 Passagiere, darunter auch Kinder, schrien verängstigt auf. Der Ballon fuhr nach dem Aufprall in westlicher Richtung weiter. Der Ballonfahrer stellte sich am nächsten Tag der Polizei und erläuterte den Sachverhalt aus seiner Sicht. Danach sei er nur wegen der unerwarteten Böe am Dach der Klinik hängengeblieben und habe danach den Ballon ohne weitere Zwischenfälle sicher landen können. Keiner der Passagiere sei verletzt oder sonstwie geschädigt worden.

Umnebelte Köpfe

Ein Mann, zwei Beutel

Es ist allseits bekannt, dass Telefonieren im Auto durchaus die Aufmerksamkeit der Polizei auf sich ziehen kann. So erging es auch einem Autofahrer auf der A 6 bei **Erlenbach** (Landkreis Heilbronn). Bei der anschließenden Kontrolle erhärtete sich zudem der Verdacht, dass das unstillbare Mitteilungsbedürfnis des Fahrers womöglich einem nicht unerheblichen Drogenkonsum geschuldet sein könnte. Der Mann wurde gebeten, die Beamten auf das Revier in **Weinsberg** zu begleiten, um dort zur Klärung des Verdachts etwas Wasser zu lassen. Dies jedoch habe er zuvor schon reichlich getan, so der Verdächtige, und bat seinerseits die Beamten um ein Glas Wasser, um den Vorgang zu beschleunigen. Den gewünschten Becher in der Hand, füllte sich dieser plötzlich unter anhaltendem Hüsteln mit einer kleinen Menge Urin. Dies wiederum kam den Beamten »äußerst merkwürdig« vor, wie dem Polizeibericht zu entnehmen war. Bei einer gewissenhaften Nachschau seitens der Beamten offenbarte sich, dass der Mann ein Plastikbeutelchen unter seinem Hoden versteckt hatte, mit dessen Inhalt er den Becher gefüllt hatte. Der 39-Jährige, so vermutet die Polizei, habe in der Vergangenheit diesbezüglich wohl schon einschlägige Erfahrungen gemacht und sich vorsorglich mit einer kleinen Menge drogenfreien Urins versorgt, um die Beamten hinters Licht führen zu können. Eine anschließende Blutprobe brachte dennoch das erwartete Ergebnis zutage.

Am Anschlag

Zu viel getankt hatte eine 57-jährige Frau, die schweren Schrittes in eine Tankstelle in **Stuttgart** getorkelt war. Noch ehe sie ihr Begehr artikulieren konnte, legte sich die Frau mit ihrem Oberkörper geradewegs auf den Tresen und war zunächst nicht ansprechbar. Die hinzugerufene Polizei wiederum sah sich außerstande, den Blutalkoholwert zu bestimmen. Der Messbereich des Alkohol-Testgerätes sei überschritten worden, so die Polizei. Das bedeutet, dass die betrunkene Frau auf alle Fälle mehr als 4,5 Promille gehabt haben musste. Die Geschichte hatte allerdings einen traurigen Hintergrund. Als Grund für ihre schwere Trunkenheit sagte sie den Beamten, dass sie ihre Wohnung verloren habe. Einen Koffer und Taschen hatte sie dabei. Die 57-Jährige kam mit dem Verdacht auf eine Alkoholvergiftung in ein Krankenhaus, den Alkoholtest machte sie freiwillig.

Wenn das blaue Taxi kommt

Einige Gläser zu viel hatte auch eine Frau aus **Weil am Rhein**, der auf dem Heimweg die Navigation und Koordination der Bewegungsabläufe zunehmend schwerer fiel. Nach einem ausgiebigen Kneipenbesuch in Basel wollte die 37-Jährige wieder nach Hause. In der Hauptstraße in Weil war erst einmal Endstation. In ihrer Not stellte sich die Frau auf die Straße und hielt das nächstbeste Auto an, das sie für ein Taxi hielt. Bei dem gestoppten Wagen handelte es sich allerdings um kein Taxi, sondern um einen Streifenwagen der Polizei. Die beiden uniformierten Beamten darin übten auf die Dame keinen nachhaltigen Eindruck aus, sie ließ sich nicht von ihrer unerschütterlichen Überzeugung abbringen, ein Taxi angehalten zu haben. Erst als die Beamten das Blaulicht einschalteten, ließ sie sich eines Besseren belehren und nahm daraufhin auch dankbar das Angebot der Polizisten an, sie nun doch mit dem Streifenwagen sicher nach Hause fahren zu wollen – ohne dass ein Taxameter in Betrieb genommen wurde.

Einsame Orgie

Wodka, Kräuterschnaps, Zigaretten, Haarspray und Käse – in **Stühlingen** (Kreis Waldshut) hatte ein Mann nichts ausgelassen, um sich einen schönen Abend zu machen. Morgens um 3.40 Uhr bekam die Polizei einen Alarm aus einem Discountmarkt. Den sofort ausgerückten Beamten bot sich vor Ort ein eher seltenes Bild. Der dringend des Einbruchs tatverdächtige 41-Jährige schlief tief und fest in der Eingangsschleuse des Discounters. Kein Wunder, der Mann war sturzbetrunken. »Das aufgefundene Leergut lässt darauf schließen, dass der Einbrecher im Geschäft eine Flasche Wodka und zwei Fläschchen mit Kräuterschnaps leer getrunken hat«, sagte ein Sprecher der Polizei. Eine Wodkaflasche lag zerbrochen am Boden, eine weitere fand sich noch unversehrt in der Jacke des Mannes. Den Tatort hatte der verpennte Einbrecher mit mehreren Schachteln Zigaretten, Zigarillos, einem Stück Käse, einer Gartensichel und einer Dose Haarspray dekoriert. Seinen Rausch durfte der Mann dann im Gefängnis ausschlafen.

Falscher Hase

Manch einer verhoppelt sich schneller als gedacht. So erging es auch einem jungen Mann, der als Osterhase verkleidet den Faschingsumzug im Karlsruher Stadtteil **Grötzingen** bereicherte. Nach der Veranstaltung wollte er zurück in den heimischen Bau in **Ettlingen**. Dabei erwischte der angeschickerte Hase den falschen Zug – und landete stattdessen im südpfälzischen **Wörth**. Sein Irrtum sei vermutlich auf den Genuss zu vieler alkoholhaltiger Möhren zurückzuführen gewesen, so die Polizei. Der Vater wurde verständigt, der den falschen Hasen sicher nach Hause brachte.

Streithammel

Brecht-Reiz mit Kartoffelsalat

Wenn's dem Berliner zu wohl wird, schmeißt er mit Buletten – ein solcher Missbrauch von Nahrungsmitteln jedenfalls widerfuhr dem Bertolt-Brecht-Denkmal am Theater des Berliner Ensembles, das zum Ziel einer Aktion gegen Schwaben in **Berlin** wurde. Im Schutz der Dunkelheit hatten finstere Gesellen das Denkmal mit Kartoffelsalat und Buletten beworfen. »Uns ist ein Bekennerschreiben bekannt«, bestätigte ein Polizeisprecher der Presse. Das Schreiben stamme von einer Gruppe namens »BEGISSA – Berliner Eingeborene Gegen Investoren Schwäbischer bzw. Schweizer Abstammung«, heißt es in der »Berliner Zeitung«. Hintergrund dieses kulinarischen Terroranschlags: Bertolt Brecht stammte aus Augsburg, das zu Schwaben gehört. Die Region Schwaben liegt in Bayern und Baden-Württemberg.

Im Jahr zuvor gab es schon ähnliche Aktionen in Berlin. Ein Denkmal des bedeutenden **Stuttgarter** Philosophen Georg Wilhelm Friedrich Hegel war mit Currywurst beschmiert und eine Skulptur von Käthe Kollwitz mit Spätzle beworfen worden. Weshalb die

Brecht-Reiz.

Berliner Künstlerin Käthe Kollwitz Ziel einer Spätzle-Attacke wurde, bleibt allerdings das Geheimnis der Attentäter. Zum Hegel-Anschlag bekannte sich eine Initiative namens »Schwaben ausbürgern«.

Wenn's um die Wurst geht

Fleischfresser neigen verstärkt zu Aggressionen – behaupten Vegetarier. So ganz unrecht scheinen sie nicht zu haben, wie folgende Begebenheit belegt. In **Rheinfelden** war's einem Kunden nicht wurst, welche Wurst er nehmen wollte, er konnte sich aber für keine Sorte so recht entscheiden. Der Bestellvorgang dauerte einem 83-jährigen Rentner entschieden zu lange und so zog er dem unentschlossenen Wurstliebhaber kurzerhand mit dem Krückstock eins über. Wie die Polizei mitteilte, hatte der renitente Rentner zuvor den wählerischen Kunden wiederholt mit seinem Einkaufswagen angestoßen. Darob verständlicherweise ungehalten, sprach der 40-jährige Supermarkt-Kunde den Rentner an – diesem platzte der Kragen, er zückte seine Gehhilfe und schlug dem Kontrahenten nach Polizeiangaben »zünftig auf den Kopf«. Der 40-Jährige wurde leicht verletzt. Für welche Wurstsorte er sich schließlich entschied, blieb unklar.

Alles Wurst!

Um die Wurst – genauer: ums »Saitenwürschtle« – ging es auch bei der Aktionärsversammlung 2016 des **Stuttgarter** Autobauers Daimler. Beim Tagungsordnungspunkt Beantwortung von Aktionärsfragen räumte Aufsichtsratschef Manfred Bischoff ein, dass man sich gezwungen sah, die Polizei zu rufen, »um zu schlichten«. Nach den Angaben einer Daimler-Sprecherin wurden für die rund 5500 Aktionäre der Versammlung 12 500 Würstchen aufgetischt. Als der Sturm aufs Büfett losbrach, habe einer der Aktionäre sich wiederholt Würstchen zum Mitnehmen eingepackt. Daraufhin wurde der Würstchenliebhaber von einer anderen Anteilseignerin angesprochen – der Sturm aufs Büfett entwickelte sich bald zu einem verbalen Schlagabtausch. Die Geschäftsleitung sah sich schließlich gezwungen, die Polizei hinzuzuziehen. Die beteiligte Aktionärin habe eine Anzeige wegen Beleidigung erstattet. Aufsichtsratschef Bischoff kommentierte das Geschehen so: »Entweder brauchen wir mehr Würstchen oder wir schaffen die Würstchen ganz ab.« Ob er mit den Würstchen eventuell noch andere Assoziationen verband, ließ sich nicht eruieren. Einen nachvollziehbaren Grund für ein solches Würschtle-Bunkern gab es übrigens nicht – auf besagter Hauptversammlung beschloss der Konzern die bisher höchste Dividende in der Geschichte der Daimler AG.

Streit um Sauerbraten

Kochen ist hohe Kunst, das ist hinreichend bekannt. Und wie immer in der Kunst lässt sich darüber trefflich streiten, gerade die Kulinarik ist im wahrsten Sinne des Wortes Geschmackssache. Einen handfesten Streit über das richtige Zerlegen eines Sauerbratens brachen sieben nicht mehr ganz nüchterne Freunde in **Achern** vom Zaun. Fünf Männer und zwei Frauen im Alter von 29 bis 58 Jahren hatten für ein gemeinsames Festmahl einen Sauerbraten vorbereitet. Als es allerdings ans Tranchieren ging, entzündete sich ein erbitterter Streit um die richtige Art, das gute Stück fachgerecht zu zerteilen. Nicht nur der Sauerbraten, auch die Emotionen kochten hoch. Die Auseinandersetzung geriet zunehmend außer Kontrolle. Den Angaben der Polizei zufolge mussten drei Streifenwagen zu der Kochrunde geschickt werden. Die Beamten sorgten dafür, dass sich zumindest die beteiligten Hobbyköche wieder abkühlten, und schickten die Gäste nach Hause. Ob die Damen und Herren jemals zu einer Kochshow eingeladen werden, dürfte nach diesem Vorfall mehr als zweifelhaft sein.

Nicht ganz gebacken

Erheblichen Kollateralschaden gab es auch bei einem Streit, den ein 23-Jähriger mit seiner Exfreundin in **Waldshut-Tiengen** austrug. Der junge Mann hatte seine ehemalige Freundin in einer Bäckerei aufgesucht und verlangte Geld von ihr. Über die Zahlungsmodalitäten entbrannte ein handfester Streit. Die Auseinandersetzung eskalierte derart, dass der Mann seinen Forderungen zunächst damit Nachdruck verlieh, dass er mit einem Stuhl wutentbrannt auf einen Kühlschrank eindrosch. Als er vom Personal und anwesenden Kunden davon abgehalten wurde, wich der Wüterich zunächst zurück, nur um mit einem weiteren Stuhl die Thekenverglasung einzuschlagen. Doch damit war seine Wut noch lange nicht verraucht. Der Rowdy verließ schließlich die Bäckerei, nur um *stante pede* in seinen davor abgestellten Wagen zu steigen und volle Kanne durch die Schaufensterscheibe in den

Bäckerei-Laden zu brettern. Bilanz: Ein verletzter Kunde und jede Menge Sachschaden.

Bissige Tanzpartnerin

Nix mit Weihnachtsfrieden: An Heiligabend kamen sich in einer Disco in **Waldkirch** ein 23-Jähriger und eine um ein Jahr ältere Begleiterin näher, als dem jungen Mann lieb gewesen sein dürfte. Zunächst beschnüffelte sich das anbahnungswillige Pärchen auf der Tanzfläche noch ganz konventionell in angeregtem Gespräch. Das ging lange und einvernehmlich gut – bis die junge Frau unvermittelt den Mann in die Nase biss. Dieser musste die Hilfe des Roten Kreuzes in Anspruch nehmen und wurde anschließend zur weiteren Behandlung ins Krankenhaus gefahren. Zum Inhalt des Gesprächs konnten der lädierte Mann und seine bissige Partnerin keine verlässlichen Angaben machen, da beide nach Mitteilung der Polizei erheblich alkoholisiert waren.

Von Frieden und Besinnlichkeit weit entfernt verlief auch eine Weihnachtsfeier im Europa-Park **Rust**. Dort stiegen die Spannungen am Tisch derart, dass der Chef rabiat wurde. Einem Mitarbeiter zerriss er das Hemd, ein weiterer, der den Streit schlichten wollte, bekam die Faust des Chefs im Gesicht zu spüren. Nicht einmal der herbeigerufenen Polizei konnte es gelingen, den Mann zu beruhigen. Mit 2,4 Promille musste er den Rest der Nacht in Polizeigewahrsam verbringen.

Beim Wort genommen

Was man nicht sehen kann, gibt es auch nicht – dieser kurzsichtigen Ansicht war ein Impfgegner, der kurzerhand die Existenz von Masernviren in Zweifel zog. Und damit nicht genug, lobte er überdies ein Preisgeld in Höhe von 100 000 Euro für denjenigen aus, der mithilfe von wissenschaftlichen Publikationen die Existenz und Größe von Masernviren zweifelsfrei belegen könne. Ein Mediziner aus dem Saarland konnte das, führte überdies den wissenschaftlich korrekten Nachweis und forderte das Geld ein – allerdings vergeblich. Der Impfgegner, ein Biologe, weigerte sich, die ausgelobte Summe zu bezahlen, worauf der Mediziner in **Tettnang** vor Gericht zog. Dieses erließ schließlich einen Haftbefehl gegen den Impfgegner. Damit soll der Mann gezwungen werden, entweder eine eidesstattliche Erklärung über sein Vermögen abzugeben oder 100 000 Euro zu hinterlegen. Das Landgericht **Ravensburg** verurteilte den Impfgegner zur Zahlung der Summe an den Arzt. Der Impfgegner legte Berufung ein – und hatte damit Erfolg. Das Oberlandesgericht **Stuttgart** gab der Berufung statt. Begründung: Bei einer Preis-Auslobung bestimme allein der Auslobende die Regeln. Der Impfgegner triumphierte noch im Gerichtssaal: »Es gibt keine krankmachenden Viren!« Bleibt zu hoffen, dass die Viren das genauso sehen ...

Tierische Einsätze

Stachelige Begegnungen

Manche schauen zu tief ins Glas, andere zu tief in den Becher: So ein junger Igel, der bei einem Spaziergang einen weggeworfenen Joghurtbecher entdeckt hatte. Ungestüm steckte er seine Schnauze in den Behälter, um die Reste des leckeren Milchprodukts zu ergattern – und dann steckte er fest. Was

Steckt gerne die Nase in fremde Angelegenheiten – der Igel.

für Polizisten, die in **Offenburg** (Ortenaukreis) unterwegs waren, zu einer Begegnung der besonderen Art führte. »Während nächtlicher Ermittlungen kam ein Joghurtbecher auf die Beamten zugewackelt«, hieß es im Bericht des Polizeipräsidiums Offenburg. Die Beamten vermuteten zu Recht, dass es sich dabei weder um einen Verstoß gegen das Vermummungsverbot noch um einen Marketing-Gag des Herstellers handelte. Sie befreiten den verfressenen Igel von seinem Plastik-Kopfschmuck und entließen ihn wieder in die Natur. Ob er wohl gelernt hat, dass man seine Nase nicht ungestraft in fremde Angelegenheiten steckt?

Auch ein Igel aus **Nufringen** (Nähe Stuttgart) geriet bei einem Ausflug auf Abwege. Nachdem er in ein Fallrohr für Regenwasser hineingetapst war, legte er zunächst eine unfreiwillige Rutschpartie hin. Unten angekommen, musste er feststellen, dass es für ihn nicht mehr weiterging. Zu seinem Pech hatte er nicht bedacht, dass das Rohr nach unten hin enger wurde. Kurzum, der Igel konnte weder vor noch zurück, die Lage war mehr als aussichtslos.

Die herbeigerufenen Polizisten erwiesen sich jedoch als ausgesprochen kreativ, um dem Gefangenen zur Freiheit zu verhelfen. Zunächst entfernte der Bauhof eine Fliese und auch einige Zentimeter des Podestuntergrunds um das Fallrohr herum, dann wurde dem Mecki ohne richterlichen Beschluss erst einmal eine ordentliche Salatdusche verpasst, um ihn so richtig schön glitschig zu machen, und sein Köpfchen liebevoll mit Geschirrtüchern umwickelt, um die Verletzungsgefahr zu minimieren.

Als Nächstes kam ein polizeilicher Schlagstock gewaltfrei zum Einsatz. Ein Beamter führte denselben von unten in das Fallrohr und schob das Tier sanft nach oben aus dem Rohr hinaus, bevor er mithilfe der Bauhofmitarbeiter in die Freiheit entlassen werden konnte.

Ebenfalls auf gefährliches Terrain wagte sich ein Igel in **Lörrach**. Als eine Polizeistreife an der Kreuzung Bahnhof-/Brühlstraße wegen geschlossener Schranken anhalten musste, gewahrten die Beamten einen Igel, der sich nach Meinung der Beamten »selbstgefährdend auf das Gleisbett begab«. Auch etliche Gäste der gegenüberliegenden Gaststätte wurden Zeuge dieses für das Tier nicht ungefährlichen Treibens. Polizei wie Zuschauer mussten mit angehaltenem Atem mit ansehen, wie in diesem Moment die S-Bahn heranraste und über den Igel hinwegdonnerte. Großes Aufatmen, nachdem die Bahn den Bahnübergang passiert hatte – der Igel war heil davongekommen, hockte aber nach wie vor hilflos im Gleisbett. Jetzt war eine sofortige Rettungsmission angesagt. Die Ordnungshüter schritten umgehend zur Tat und hoben unter tosendem Beifall der Zuschauer den verschreckt zu einer stachligen Kugel zusammengerollten Insektenfresser vorsichtig aus dem Gleisbett. Unter den fürsorglichen Augen der Beamten wurde das gerettete Tier in einen nahegelegenen Park gebracht und dort unter eindrücklichen Ermahnungen, sich vor Bahngleisen in Acht zu nehmen, wieder in die Freiheit entlassen.

Was man mit diesem verfassungsmäßig garantierten Grundrecht als Igel alles tun und lassen kann, bekam eine **Mannheimerin** hautnah mit. Sie war felsenfest davon überzeugt, Feilgeräusche von Einbrechern zu vernehmen. Es waren aber keine, wie die herbeigerufenen Beamten feststellten. Ursache der seltsamen Laute waren zwei Igel, glücklich vereint im Liebesakt. »Ihre je circa 5000 Stacheln sowie die Paarungsrufe verursachten ein lautes Geräusch«, hieß es im polizeilichen Abschlussbericht. Was wohl die Meckis von der Störung ihrer Intimsphäre hielten?

Waschbärenstark

Als ausgesprochen anhänglich erwies sich ein – nach Zeugenaussagen – leicht molliger Waschbär in **Schorndorf** (Rems-Murr-Kreis), der innerhalb kürzester Zeit interessante Bekanntschaften in der Stadt machte. Zunächst stellte er sich artig den Beamten im Polizeirevier vor, wo er sich im Innenhof herumtrieb. Da gegen das Tier kein Strafbefehl vorlag, ließen ihn die Gesetzeshüter unbehelligt gewähren. So ganz geheuer war's dem Waschbär dann angesichts der geballten Polizeipräsenz wohl doch nicht. Das Tier machte sich auf die Suche nach einem neuen Domizil.

Dieses glaubte er einen Tag später in einem Mehrfamilienhaus gefunden zu haben. Zur großen Überraschung einer Einwohnerin, die von den Umzugsplänen des Waschbären nicht informiert worden war. Als sie die Wohnungstür aufschloss, witschte das Tier an ihr vorbei und machte es sich in seinem neuen, selbst erwählten Heim gemütlich.

Da die Frau nicht gewillt war, ihre eigenen vier Wände mit einem Waschbären zu teilen, der die Sache jedoch völlig anders sah, versuchte sie verzweifelt, ihren neuen Untermieter irgendwie loszuwerden. Mithilfe von Katzenfutter konnte er immerhin ins Treppenhaus gelockt werden. Dort dämmerte es dem Waschbären allmählich, dass er einem Trick zum Opfer gefallen war, jedenfalls gab er keinen Millimeter mehr preis und blieb trotz guten Zuredens, wo er war. In ihrer Not beschlossen die Anwohner, leichtes Geschütz einzusetzen, um den Eindringling zu vertreiben, und besprühten ihn mit Raumspray. Was der Waschbär gar nicht komisch fand und geschlagen das Feld räumte.

Allerdings nicht für lange. Als nämlich eine andere Bewohnerin, die von dem ungebetenen Besucher nichts wusste, die Haustür öffnete, war der Waschbär im Handumdrehen wieder drin. Die Frau verständigte daraufhin die Polizei. Trotz aller Wiedersehensfreude war das Tier immer noch nicht bereit, sich eine andere Herberge zu suchen. Immerhin zahlte sich seine Hartnäckigkeit aus; die Wohngemeinschaft beschloss, ihm, wenn auch nur kurzfristig, Asyl zu gewähren. Erschöpft von den zähen Verhandlungen um sein Bleiberecht schlummerte der Waschbär im Treppenhaus ein. Beim Aufwachen muss ihm wohl gedämmert haben, dass er hier nur geduldet wurde und die endgültige Abschiebung nur eine Frage der Zeit war. Ohne weitere Diskussionen verließ er das Haus mit unbekanntem Ziel.

Im Dunkeln bleibt auch, wo zwei kleine Waschbären hinwollten, die von einem Autofahrer auf der Verbindungsstraße zwischen **Schwäbisch Gmünd** und **Großdeinbach** aufgegabelt wurden. Da die beiden eindeutig minderjährig waren und noch unters Jugendschutzgesetz fielen, rief der Mann die Polizei, nachdem er die kleinen Strolche in seine Obhut genommen hatte. Auf der Wache wurde zunächst kontrolliert, ob sich die Streuner in jüngster Zeit etwas hatten zuschulden kommen lassen. Der Verdacht bestätigte sich nicht. Die Waschbären konnten eine blütenreine Weste vorweisen, weshalb sie auf freie Pfoten gesetzt wurden – nicht ohne die eindeutige Auflage, sich künftig nicht mehr am Straßenverkehr zu beteiligen.

Immer für einen kleinen Unfug zu haben: Waschbären.

Fernab gefährlicher Straßen entdeckte die Besatzung der Wasserschutzpolizei **Mannheim** in Höhe der Rheinkaistraße einen Waschbären, der sich in einer Nische einer Spundwand festgekrallt hatte. Die hilfsbereiten Beamten ließen das Beiboot zu Wasser, um dem offensichtlich entkräfteten Tier zu helfen. Der Waschbär verstand den Akt menschlicher Nächstenliebe zunächst völlig falsch und zeigte seine Zähne, die Rettungsaktion geriet aus naheliegenden Gründen ins Stocken. Doch dann siegte die Vernunft: Mit einem kühnen Sprung aufs Polizeiboot rettete sich das Tier selbst aus seiner misslichen Lage. Dort erholte es sich erst einmal von seinem Schrecken. Wieder zu Kräften gekommen, sprang der zähe Bursche ins Wasser, um schwimmend ans Ufer zu gelangen. Unter den wachsamen Augen der Beamten, die ihn mit dem Polizeiboot begleiteten, konnte er durchnässt, aber unversehrt wieder an Land gehen.

Selbst ins Abseits manövriert hatte sich auch ein Waschbär am Hölderlin-Gymnasium in der **Heidelberger** Altstadt, der einen Ausflug aufs Schuldach unternommen hatte. Unglücklicherweise stürzte er bei seiner Erkundungstour auf einen Dachvorsprung. Als ihm der aufmerksam gewordene Hausmeister zu Hilfe eilen wollte, versteckte sich das Tier zwischen einem Fallrohr und der Hauswand. Erst nach rund 45 Minuten konnte die Heidelberger Berufsfeuerwehr den sich stark sträubenden Waschbären befreien. Immer noch auf Krawall gebürstet, randalierte der Waschbär dann im Auto der Tierretter weiter und verzog sich schließlich in den Motorraum des Einsatzfahrzeugs, wo er in Sitzstreik ging. Alle Versuche, ihn an die frische Luft zu befördern, schlugen fehl. Also rückte erneut die Berufsfeuerwehr aus, die das Problem professionell löste. Mithilfe von Wasser wurde das hitzige Gemüt des Waschbären abgekühlt. Das Tier flüchtete unverletzt und um eine Erfahrung reicher auf einen Baum: Wasser ist eben nicht nur zum Waschen da – das gilt auch für Waschbären!

Zur falschen Zeit am falschen Ort

Als Tierfänger mussten sich zwei Ordnungshüter des **Öhringer** (Hohenlohekreis) Polizeireviers betätigen. Ein großer Vogel, der Beschreibung nach ein Goldfasan, war aus unerfindlichen Gründen in einem Innenhof gelandet. Allein, er kam er nicht mehr heraus, weil die Straße davor stark befahren war. Besorgte Anwohner, die zu Recht befürchteten, dass der Vogel nur über rudimentäre Kenntnisse über das korrekte Verhalten im Straßenverkehr verfügte, alarmierten die Polizei. Die brachten den Fasan nach ein paar beherzten Griffen sicher und unverletzt »zunächst in einem Karton, wenig später in einem Privathaushalt unter«, wie im Bericht stand. Obwohl der gefiederte Kerl keine Ausweispapiere mit sich führte, lag die Vermutung nahe, dass er aus einer Voliere ausgebüxt war.

Die allgemeingültige Straßenverkehrsordnung war auch einem Uhu unbekannt, der sich bei **Lörrach** auf einer Mittelleitplanke auf der A 98 niedergelassen hatte – selbst für eine Verkehrszählung ein gefährlicher Platz. Zu seinem Glück wurde er von einer Polizeistreife gesichtet. Die stellten besorgt fest, dass der große Nachtvogel gefährlich wankte und gar drohte, auf die Fahrbahn zu kippen. Was wiederum für diverse Bremsaktionen sorgte.

Um der Sache auf den Grund zu gehen, nutzten die Polizisten den sich bildenden Rückstau und stoppten kurzerhand den Verkehr in beide Richtungen, ein Beamter versuchte, den angeschlagenen Uhu in Augenschein zu nehmen. Doch der war von den Annäherungsversuchen nur mäßig begeistert. Der findige Beamte musste sich etwas anderes einfallen lassen. Im Dienste der Ornithologie zog er seine Uniformjacke aus, warf sie dem Uhu über und nahm ihn in Gewahrsam. Anschließend wurde der schwerverletzte Vogel von den Ordnungshütern höchstpersönlich zum Tierarzt gebracht und der Verkehr wieder freigegeben.

Bester Gesundheit hingegen erfreute sich eine große Spinne, die in einem **Emmendinger** Lebensmittelgeschäft in einer Bananenkiste entdeckt worden war. Der Schreck war groß: Sollte es sich etwa um eine hochgiftige Bananenspinne handeln? Da man das Tier schlecht fragen konnte, fackelte der Marktleiter nicht lange, fing die Spinne mit einer Kiste ein und übergab sie gemeinsam mit der Feuerwehr der Polizei.

»Wegen des dringenden Verdachts, zur Gattung der giftigen Phoneutria – zu Deutsch ›Mörderin‹ – zu gehören, wurde die Langbeinige vorläufig festgenommen und zum Veterinäramt Emmendingen verbracht«, schildert die Polizei den weiteren Verlauf. »Der menschlichen Sprache nicht mächtig, beteuerte die falsche Witwe zwar ihre Unschuld durch harmloses Winken mit ein paar Vorderbeinen, vermochte dadurch jedoch der Begutachtung durch Experten nicht zu entgehen. Deren fachkundige Bewertung brachte vorerst Entwarnung: Bei der mit einer Spannweite von etwa acht Zentimeter ausgestatteten vermeintlich gefährlichen Giftspinne handelt es sich keinesfalls um die Brasilianische Wanderspinne, sondern mit hoher Wahrscheinlichkeit um eine harmlose einheimische Spinne ohne Migrationshintergrund.« Die Einschätzung bestätigte sich. Es handelte sich tatsächlich um eine ungiftige Spinnenart, die allerdings ursprünglich aus Südostasien stammt und durch Verschleppung *kosmopolitan* wurde, also überall auf der Welt zu finden ist. Die zu Unrecht Beschuldigte wurde »auf freien Fuß«, besser gesagt auf acht freie Füße gesetzt – dies in geeigneter Umgebung und fern von allen Bananenkisten«, bestätigte die Polizei.

Ein nettes Plätzchen hatten sich auch jene 35 Schafe ausgewählt, die in **Steißlingen** (Kreis Konstanz) ausgebüxt waren. Einzelne Tiere hatten es sich auf der Terrasse eines Wohnhauses gemütlich gemacht. »Der Aufforderung der Beamten, die Terrasse unverzüglich zu räumen, kamen die Schafe zwar widerwillig, aber ohne Widerstand zu leisten, nach, weshalb von Festnahmen abgesehen werden konnte«, schreibt die Polizei **Konstanz** in ihrem Bericht. Der verständigte Besitzer der Herde trieb die Tiere anschließend wieder in die ursprüngliche Umzäunung.

»Frauen und Technik!«, mochte sich eine Polizeistreife in **Reislingen** wohl gedacht haben, als ihnen mehrere junge Frauen, die um einen VW Touareg herumstanden, heftig zuwinkten. Wie sich herausstellte, benötigten die Anhalterinnen jedoch keineswegs Hilfe wegen einer Autopanne. Dennoch war eine Weiterfahrt unmöglich: Im Motorraum hatte sich ein Kätzchen verkrochen. Keinesfalls gewillt, seinen Platz zu verlassen, hatte es eine der Frauen erst in den Finger gebissen, bevor es endgültig in den Tiefen des Touareg verschwand. Nachdem auch intensives Suchen erfolglos blieb, fuhr die Polizeistreife gemeinsam mit dem Besitzer in dessen Werkstatt nach **Altenstadt**, um das Auto auf einer Hebebühne fachmännisch zu inspizieren. Dank der Hilfe der Werkstatt-Mitarbeiter wurde das Tierchen unter einer Kunststoffabdeckung entdeckt. Auf ein Beweisfoto der gelungenen Rettungsaktion musste leider verzichtet werden – kaum war das Kätzchen befreit, sauste es davon.

Bienen lernen schnell

Beflügelt von Bildungsdrang ließ sich ein Schwarm Bienen in einer Thujahecke ausgerechnet in der Nähe der Neubergschule in **Dossenheim** nieder. Da man dort auf so viele Honigsammlerinnen nicht eingestellt war, wurde die Polizei verständigt. Vor Ort kamen gewaltige Lücken im Ausbildungsplan der Polizei zutage, denn das Bergen von Bienenvölkern stand offenbar nicht auf dem Stundenplan der Beamten. Ein Fachmann musste her, der auch in Person eines Alt-Imkers gefunden wurde, der in der Nähe wohnte. Unter seinen kundigen Augen bekamen die Beamten Nachhilfe: In einer rund dreistündigen Bergungsaktion, begleitet von zahlreichen Zuschauern, sammelten sie die 15 000 Bienen samt Königin ein und übergaben sie der Obhut des Imkers. Die Bienen verhielten sich bei der ganzen Aktion ausgesprochen kooperativ – gestochen wurde niemand.

Esel auf der Straße

Dass ein Esel auf der Straße sämtlichen Verkehr zum Stoppen bringen kann, dürfte den meisten Autofahrern eigentlich keine Meldung wert sein. Wenn es sich bei dem Esel allerdings tatsächlich um das zuweilen störrische Grautier handelt, sieht die Sache schon anders aus. Am 23. Juli 2015 fuhr eine Streife der Polizei **Müllheim** auf der sogenannten Südtangente und musste feststellen, dass sämtlicher Fahrzeugverkehr dort zum Erliegen gekommen war. Die Ursache dafür erfuhren die Beamten umgehend – ein Esel sei aus seinem Gehege ausgebrochen und treibe sich jetzt unkontrolliert in der Gegend herum. Die Versuche der Polizisten, den Esel einzufangen, wurden allerdings nicht durch Erfolg gekrönt. Erst dem hinzugerufenen Eigentümer des Tieres gelang es, den Esel einzufangen und in sein Gehege zurückzubringen.

Laufvögel mit Freiheitsdrang

Zwei Beamte des Polizeireviers **Schopfheim** staunten nicht schlecht, als sie mit ihrem Streifenwagen unterwegs waren. In der Oberfeldstraße lief ihnen unvermittelt ein ausgewachsener Vogel Strauß vor die Stoßstange. Der zwei Meter große Laufvogel gehörte zum »Circus Kaiser«, der damals im Oberfeld gastierte. Das Tier war aus seinem Gehege ausgebüxt und wollte wohl gerade Fersengeld geben, wie es im Polizeibericht heißt. Im Zirkus war der Fluchtversuch des Laufvogels bereits bemerkt worden und zwei Tierpfleger waren dem flüchtigen Vogel auf den Fersen. Nach einer ausgedehnten Verfolgungsjagd auf den bis zu 70 Stundenkilometer schnellen Laufvogel entlang der Oberfeldstraße konnte der Ausreißer endlich gestellt werden. Angesichts der ihn verfolgenden Übermacht in Gestalt zweier Tierpfleger und der geballten Staatsmacht brach der Vogel seine Flucht ab, drehte um und machte sich unverzüglich auf den Heimweg in sein Gehege. Wie die Polizei weiter mitteilt, waren Verkehrsteilnehmer zu keiner Zeit gefährdet, da der Ausreißer ja gewissermaßen unter Beobachtung einer Polizeieskorte geflüchtet war.

Verblüfft mag sich auch eine Frau die Augen gerieben haben, als ihr in **Lörrach-Stetten** gegen Abend ein riesiger Vogel begegnete, der definitiv keiner einheimischen Art zuzurechnen war. Der Verdacht, es könnte sich um einen Vogel Strauß auf der Suche nach Abenteuern handeln, bestätigte sich schnell. Das Tier war aus einem Gelände am Binsenmattweg ausgebüxt. Allerdings handelte es sich um keinen Vogel Strauß, sondern um einen Emu, wie der Besitzer bestätigte. Was an der Sachlage jedoch nichts änderte. Auch ein unbegleiteter Emu hat zu nächtlicher Stunde auf der Straße nichts zu suchen. Doch die Bemühungen der Polizei, das Tier einzufangen, gestalteten sich als ausgesprochen schwierig, da der Laufvogel keine Lust hatte, wieder in sein Gehege zurückzugehen, und zudem über die schnelleren Beine verfügte. Erst am nächsten Morgen wurde er erneut auf dem Tüllinger Berg gesichtet. An einer weiteren Flucht wurde er von einer Streife gehindert. Nach geduldigem Zureden seines Besitzers zeigte der Vogel endlich ein Einsehen und gab auf. Der Emu wurde ins Gehege zurückbefördert, wo er seinen Artgenossen von seinem aufregenden Ausflug ins Lörracher Nachtleben berichten konnte.

Auch im schwäbischen **Laupheim** hielten zwei entlaufene Strauße ihre Besitzer und die Polizei auf Trab. Die Tiere sollten zu einer Straußenfarm gebracht werden, doch die Vögel hatten andere Pläne. Während eines Zwischenstopps gelang den beiden Laufvögeln die Flucht aus einem Anhänger. Einer der Strauße rannte in Richtung Innenstadt, wo er in einem Vorgarten von seinem Besitzer wieder eingefangen werden konnte, wie die Polizei mitteilte. Der zweite Ausreißer sorgte indes für mehr Aufregung. Das lauffreudige Tier hielt schnurstracks auf die Autobahn 8 zu und wurde dort auch an einer Anschlussstelle gesichtet. Sofort wurde eine Verkehrswarnung ausgelöst. Doch zum guten Schluss konnte Entwarnung gegeben und der flüchtige Vogel unbeschadet auf einem Feld neben der Bundesstraße 10 geschnappt werden.

Nymphensittich in Not

Wohin wendet man sich, wenn man verfolgt wird? Richtig. An die Polizei. Das hatte sich wohl auch ein Nymphensittich gedacht, als er völlig aufgelöst gegen die Eingangsscheibe des Polizeireviers **Ehingen** flog, um Einlass zu begehren. Die Beamten stellten fest, dass der kleine Exot auf der Flucht vor einer schlecht gelaunten Elster war, die ihm auf den Fersen beziehungsweise auf den Krallen war – vermutlich aus fremdenfeindlichen Motiven. Der schwarz-weiße Rowdy wurde verjagt, der Nymphensittich bekam Polizeischutz im Revier. Der gerettete Vogel demonstrierte seine große Dankbarkeit auf eine ganz eigene Weise und biss den Polizisten mehrfach in die Finger. Der sah großzügig von einer Anzeige wegen Körperverletzung ab und übergab den Vogel an den Vogelbeauftragten der Stadt, bevor er wohlbehalten seinem Frauchen übergeben werden konnte.

So läuft der Hase

Eine Begegnung der eher ungewöhnlichen Art ereignete sich in einer Geschäftsstelle der Volksbank in **Bad Säckingen**. Den Mitarbeitern war ein zugebundener Stoffbeutel aufgefallen, der sich in auffälliger Weise bewegte. Die Bankangestellten, denen die Sache nicht geheuer war, riefen die Polizei zur Unterstützung. Da die erfahrenen Ermittler einen getarnten Bankräuber als eher unwahrscheinlich erachteten, öffneten sie den zappelnden Stoffbeutel. Heraus kam ein silberfarbenes Kaninchen, das froh war, aus seinem Gefängnis herauszukommen. Anschließend wollten die Polizisten den süßen Mümmelmann in einem Bad Säckinger Katzenhaus unterbringen. Dieses jedoch ließ das Häschen abblitzen – schließlich handele es sich um keine Mieze, und für die Sicherheit eines kleinen Mümmelmanns inmitten Dutzender getigerter Raubtiere konnten die Tierschützer nicht bürgen. Über das weitere Schicksal des unglücklichen Langohrs war leider nichts in Erfahrung zu bringen.

Hundsgemein

Ein Hund schützt nicht automatisch vor Eigentumsverlusten, wie ein Mann aus **Bad Buchau** aus eigener Erfahrung bestätigen kann, der bei der Polizei den Verlust von 500 Mark Bargeld, Scheckkarten und Führerschein meldete. Seltsamerweise konnten die Ermittler in seiner Wohnung jedoch keinerlei Spuren feststellen, die auf einen Einbruch hingedeutet hätten. Sollten etwa geheimnisvolle Kräfte am Werk gewesen sein? Des Rätsels Lösung: Der junge und sehr verspielte Hund des Mannes war allein Gassi gegangen. Um sich die Sache etwas unterhaltsamer zu gestalten, hatte er als Spielzeug den Geldbeutel mitgenommen. Nachdem er den Inhalt in einer Gasse ausgeschüttet hatte, trug er die leere Brieftasche brav zurück ins Haus. Seine Beute wurde am nächsten Tag von einer Passantin entdeckt und zur Polizei gebracht. Und die Moral von der Geschicht? Trau keinem Hund im Flegelalter, wie auch die folgende Geschichte zeigt, die sich in **Kornwestheim** zutrug. Dort alarmierten aufmerksame Anwohner, die aus einer Wohnung Rauch aufsteigen sahen, die Feuerwehr. Als die Floriansjünger eintrafen, mussten sie die Tür aufbrechen, da niemand zu Hause war. Niemand? In der Küche wurden die Männer fündig und stießen auf einen achtzehn Monate alten Hund, der dort von seinen Besitzern eingesperrt worden war. Ebenfalls entdeckt wurden auf dem Herd einige verkohlte Küchentücher. So wie es aussah, hatte der Hund versucht, Essen von einer Küchenablage zu stibitzen, und dabei versehentlich mit seiner Pfote die Herdplatte eingeschaltet. Zum Glück überstand der Welpe die Aktion genauso unversehrt wie die Wohnung.

Grober Unfug geht auch auf das Konto eines freilaufenden Hundes in **Ostfildern**, der sich seine Freizeit damit vertrieb, Katzen zu jagen. Allein, der Stubentiger war schneller und flüchtete auf einen etwa fünf Meter hohen Baum, vor dem ein geparkter Opel stand. Nun können Hunde ja bekanntlich nicht fliegen. Deshalb sprang der Hund außer Rand und Band in die Höhe – und zerkratzte dabei ohne Rücksicht auf Verluste den Lack des Opels. Der Vierbeiner gab erst auf und zugleich Fersengeld, als er vom Autobesitzer vertrieben wurde. Immerhin eine kleine Genugtuung für die Katze, die das Schauspiel von ihrem Logenplatz aus verfolgen konnte.

Schwein gehabt

Zu viel Zirkusluft geschnuppert hatte Rosa von Schwarte aus **Filderstadt**. Auf der Suche nach Abwechslung rannte das Schwein auf der Bundesstraße 27, in Höhe der Anschlussstelle Filderstadt-West, entlang. Mehrere Streifen des Polizeireviers Filderstadt machten sich auf die Suche nach dem Tier und wurden schließlich auf dem Beschleunigungsstreifen fündig.

Das etwa zwei Jahre alte und 30 Kilogramm schwere Minischwein wurde mit vereinten Kräften eingefangen und in einen Polizeitransporter gesetzt. Nachdem die Polizei die Personalien der Rosaroten aufgenommen hatte, wurde Rosa von Schwarte unbeschadet wieder zurück in den Zirkus gebracht, aus dem sie ausgebüxt war.

Die Polizei – dein Freund und Helfer

Kleine Strolche

Zwei fünfjährige Jungs hatten im Oktober 2015 eine vermeintlich gute Idee: Sie suchten nach einer Gelegenheit, sich vorübergehend der Obhut ihrer Mütter zu entziehen und unbeaufsichtigt auf einen Bummel ins Städtchen zu begeben. Gedacht, getan. An einem Abend gegen 17.50 Uhr nutzten die beiden Lausbuben die Gunst der Stunde und sperrten ihre Mütter bei passender Gelegenheit auf dem Balkon der in **Stuttgart-Nord** gelegenen Wohnung aus. Bis die Mütter den Streich bemerkten, hatten sich die Bengels längst in eine Pizzeria in **Stuttgart-Mitte** begeben. Dort, ausgerechnet als Polizist und Snowboarder verkleidet, erklärten sie dem Kellner, dass sie Lust auf eine richtig schöne Pizza hätten. Offensichtlich sahen es die kleinen Gäste auch nicht als Problem an, dass sie kein Geld dabeihatten, um das Festessen zu bezahlen, wie sie dem Wirt freimütig erklärten. Der verständnisvolle Kellner nahm die Bestellung ungerührt entgegen und servierte den Kindern die gewünschte

Pizza sowie ein Getränk. In der Zwischenzeit hatte der Kellner natürlich die »echte« Polizei verständigt. Die herbeigerufenen Beamten zeigten Verständnis und entsprachen dem Wunsch der Jungs, die Pizza bitteschön noch zu Ende essen zu dürfen, ehe sie die beiden Lausbuben nunmehr gesättigt und unversehrt bei ihren besorgten Müttern wieder abluden. Die ausgesperrten Mütter hatten zwischenzeitlich einen Weg aus ihrem Exil auf dem Balkon gefunden und beglichen die Rechnung über eine Pizza und ein Getränk sehr gerne.

Das Geld liegt auf der Straße

Dass das Geld auf der Straße liegt, ist nicht nur eine Redensart, sondern zuweilen tatsächlich ein glücklicher Zufall – für den Finder. Und ein echter Glücksfall für den Verlierer, wenn die Polizei es ist, die die Scheine findet und sicherstellt. Beamte des Polizeireviers **Waldstadt (Karlsruhe)** entdeckten spätabends an einem Freitag (wohl nicht dem 13.) einen Geldbeutel, aus dem Banknoten gefallen waren, die der vorbeifahrende Fahrzeugverkehr aufwirbelte. Die Beamten walteten umgehend ihres Amtes, sicherten zunächst den Straßenabschnitt und dann das Geld. Noch während die Polizisten mit dieser Sammelaktion beschäftigt waren, eilte ein aufgeregter Motorradfahrer an die Fundstelle und berichtete, dass ihm auf dem Heimweg sein Geldbeutel aus der Tasche gefallen sein müsse. In der Tasche befand sich ein nicht unerheblicher Geldbetrag in bar, den er für die Hochzeitsfeier seiner Tochter abgehoben habe. Die verlorene Mitgift wurde dem überglücklichen Brautvater ausgehändigt, und Trauung und Hochzeitsfeier konnten somit ohne wesentliche Stimmungsverluste vonstattengehen.

Verjoggt

Helfen konnte die Polizei auch einer 35-jährigen Argentinierin, die im Stadtteil **Leinfelden** hoffnungslos die Orientierung verloren hatte. Gegen Abend hatte sie beschlossen, ihr Hotelzimmer zu verlassen, um eine Runde zu joggen. Sie lief zunächst Richtung **Musberg** und dann ins Siebenmühlental. Nur leider hatte sie dann keine Ahnung mehr, wo sie sich befand. Nach längerem Herumirren entdeckte die Joggerin Stunden später endlich eine Tankstelle in **Echterdingen**. Erleichtert berichtete sie dem Tankwart von ihrem Missgeschick – was leider nicht viel nutzte, weil der Mann des Spanischen nicht mächtig war. Er griff aber zum Hörer und verständigte das Polizeirevier **Filderstadt**. Glücklicherweise hatte dort gerade eine sprachtalentierte Beamtin Dienst. Sie ließ sich von der Argentinierin genau die Umgebung des gesuchten Hotels beschreiben. Da die Polizistin nicht nur Fremdsprachen beherrschte, sondern auch über detaillierte Ortskenntnisse verfügte, war ihr schnell klar, dass es sich bei dem gesuchten Hotel nur um einen Beherbergungsbetrieb in der Bahnhofstraße in **Leinfelden** handeln konnte. Zurücklaufen musste die Joggerin natürlich nicht mehr: Sie wurde von hilfsbereiten Beamten abgeholt und in ihre Unterkunft zurückgebracht.

Gefährliche Kartoffeln

Aua! In einem **Freiburger** Supermarkt hatte sich eine Frau so ungeschickt in einem Kartoffelschäler verfangen, dass die Feuerwehr zu Hilfe gerufen werden musste. Die allzeit einsatzbereiten Feuerwehrkameraden rückten auch gleich mit zehn Einsatzkräften an, um die Frau mit einem Spezialwerkzeug freizuschneiden. Da mit jeder Bewegung die Daumen der unglücklichen Frau tiefer in die Klingen hineinrutschten, habe sie sich nicht selbst befreien können, wie das Amt für Brand- und Katastrophenschutz mitteilte.

Am Rande sei erwähnt, dass der Mann, der die Feuerwehr alarmiert hatte, von einer »Kartoffelschälmaschine« gesprochen habe, wie die zuständige Stelle im Katastrophenschutz weiter ausführte. Wäre den Kameraden der wahre Sachverhalt bekannt gewesen, so das Amt, hätte man allerdings höchstens einen mit zwei Feuerwehrleuten besetzten Einsatzwagen zur Unglücksstelle geschickt.

Ab zur Oma

Reisende soll man bekanntlich nicht aufhalten. Außer es handelt sich um zwei kleine Mädchen, die am **Stuttgarter** Bahnhof ratlos und ohne Begleitung an einem Bahnsteig stehen. Deshalb interessierte sich die Bundespolizei dafür, wohin die Fahrt gehen sollte. Zur Oma, die am Bodensee lebte, erfuhren die Beamten im Verlauf des weiteren Gesprächs. Sie seien zwar gerade erst bei ihren Großeltern gewesen, hätten aber schon wieder Sehnsucht nach ihrer Oma verspürt. Allerdings hatten die Eltern von den Urlaubsplänen ihres Nachwuchses keinen blassen Schimmer. Die Beamten nahmen sich der Neun- und Fünfjährigen an und verständigten die Mutter. In einem Streifenwagen wurden die Kinder zwar nicht an den Bodensee, aber sicher nach Hause in den Stuttgarter Süden gebracht.

Wieder vereint

Unverhofften Besuch bekam das Polizeirevier **Metzingen**. Ein chinesischer Staatsangehöriger und dessen vier ebenfalls chinesisch sprechende Begleiter berichteten aufgeregt, dass ihre Reisegruppe nicht mehr vollständig sei. Sie hatten einen Zehnjährigen auf einer Tank- und Rastanlage entlang der A 8 vergessen mitzunehmen. Wie die Ermittlungen ergaben, hatte sich der Sachverhalt folgendermaßen zugetragen: Alle Insassen bis auf den Zehnjährigen hatten zunächst die

Toiletten aufgesucht – in der sicheren Überzeugung, dass das Kind die gesamte Zeit über im Fahrzeug verblieben war. Wenig später allerdings verspürte auch der Zehnjährige ein unabweisbares menschliches Bedürfnis und suchte ebenfalls die Toilette auf – wovon die anderen nichts wussten. Nachdem die übrigen Insassen zum Fahrzeug zurückgekehrt waren, setzten sie ihre Fahrt in der Annahme fort, der Zehnjährige sitze nach wie vor hinten im Kleinbus. Fataler Irrtum! Kurze Zeit später meldete sich der Sohn auf dem Handy seines Vaters, und so konnte die inzwischen hinzugezogene Polizei ermitteln, dass sich der verlorengegangene Sohn auf der Tank- und Rastanlage »Sindelfinger Wald« in Fahrtrichtung München befand. In der Zwischenzeit wurde der Zehnjährige von einer Angestellten der Rastanlage bis zum Eintreffen der Einsatzkräfte der Verkehrspolizeidirektion **Ludwigsburg** betreut. Die Polizeibeamten des Polizeireviers **Metzingen** nannten dem besorgten Vater die Polizeidienststelle der Verkehrspolizeidirektion Ludwigsburg als Übergabeort. Die Familienzusammenführung, die teils mehrsprachig erfolgte, konnte innerhalb einer Stunde erfolgreich vollzogen werden. Alle Beteiligten schlossen sich überglücklich in die Arme, und die Fahrt konnte gemeinsam fortgesetzt werden.

Handwerkliches Geschick

Manchmal bietet der Polizeiberuf ungeahnte Möglichkeiten, seine Fähigkeiten und Talente zu entfalten. So um fünf Uhr in der Früh, als ein **Weiler** Bürger, der sowohl mit seinem Latein als auch mit seinen Nerven am Ende war, beim Polizeirevier anrief. Grund: In seiner Küche trat Wasser aus, das sich einfach nicht mehr stoppen ließ. Da auch kein Notdienst zu erreichen war, schritt die Polizei vor Ort zur Tat. Ein handwerklich begabter Beamter nahm sich der Sache an und schraubte so lange an den Leitungen unter der Spüle herum, bis die Springflut eingedämmt war.

Handwerkliches Geschick von Einsatzkräften war auch gefragt, nachdem sich ein Mann aus **Sinzheim** (Kreis Rastatt) in eine prekäre Lage gebracht hatte. Beim Putzen war er hoffnungslos mit seinem Finger im Duschwannenabfluss steckengeblieben. Als alle Versuche gescheitert waren, ihn zu befreien, riefen seine Mitbewohner um Hilfe. Die Feuerwehr rückte an und baute kurzerhand die Duschwanne aus. Nach drei Stunden konnte die Polizei Entwarnung geben – der Finger war, wenn auch leicht angeschwollen, wieder in Freiheit.

Kinder drin, Mutter draußen

Die Nutzung öffentlicher Verkehrsmittel kann manchmal eine ganz schöne Herausforderung sein. Diese Erfahrung machte auch eine Mutter, die mit ihren beiden Kleinen am Bahnhof **Oberlenningen** mit dem Zug nach **Kirchheim** fahren wollte. Zunächst stellte sie den Kinderwagen mit ihrem schlafenden Nachwuchs in den bereits wartenden Zug, dann wollte sie auf dem Bahnsteig ordnungsgemäß ein Ticket am Automaten lösen. Just in diesem Moment schlossen sich jedoch die Türen des Zuges – und er fuhr ab. Über Notruf wandte sich die Mutter an die Polizei, die den Fahrdienstleiter verständigte. In Kirchheim wurden die unfreiwillig allein reisenden Kinder von Polizeibeamten im Empfang genommen und zum Polizeirevier Kirchheim/Teck gebracht, wo sich die Beamten liebevoll um sie kümmerten. Nachdem eine weitere Polizeistreife die Mutter vom Oberlenninger Bahnhof abgeholt hatte, konnte die Mutter ihren Nachwuchs erleichtert in die Arme schließen.

Freigekauft

Es war ein ganz besonderes Weihnachtsgeschenk, das ein Mann seiner 57 Jahre alten Ehefrau in **Singen** machte. Kurz vor Heiligabend erschien der Mann gegen 12 Uhr auf dem Revier der Bundespolizei und blätterte den erstaunten Beamten 7200 Euro auf den Tisch. Das war exakt die Summe, zu der das Amtsgericht Linz seine Ehefrau 2011 verurteilt hatte - wegen Urkundenfälschung. Da die Frau zwischenzeitlich in die Schweiz umgezogen war und keine Anstalten machte, die Strafe zu bezahlen, wurde die Geldstrafe in eine Haftstrafe von 180 Tagen umgewandelt und die Frau per Haftbefehl gesucht. Was es ihr unmöglich machte, ohne Risiko nach Deutschland einzureisen - bis ihr Mann den Bann mit der Zahlung der Geldstrafe löste.

Ein Herz für Eichhörnchen

Wessen Herz ginge da nicht vor Mitleid über? Völlig entkräftet und kurz vor dem Verdursten fiel in **Karlsruhe** ein Eichhörnchenbaby spielenden Kindern direkt vor die Füße. Wie die Polizei berichtete, boten die Kinder fürsorglich dem armen Eichhörnchen Butterkekse an, das erschöpfte Tier jedoch reagierte nicht. Auf der Stelle wurde ein Tiertaxi alarmiert, das das Eichhörnchen ins Tierheim brachte. Offenbar war das entkräftete Eichhörnchenbaby über längere Zeit nicht mehr von seiner Mutter versorgt worden. Im Tierheim wurde es fachmännisch wieder aufgepäppelt.

Hut ab!

Was sieben leichtsinnige junge Enten am frühen Morgen zu einem Spaziergang auf dem Standstreifen in Richtung **Karlsruhe** bewegte – wir wissen es nicht. Möglicherweise hätte der Ausflug unschön geendet – ja, wenn da nicht der schnelle Einsatz der Beamten des Autobahnpolizeireviers **Bühl** gewesen wäre, die nach dem Anruf eines Verkehrsteilnehmers unverzüglich ausgerückt waren. Fest steht, dass die Blitzaktion der Beamten dem gefiederten Nachwuchs mit großer Wahrscheinlichkeit das Leben rettete. Die Hauptrolle spielte dabei eine Polizeidienstmütze, in welche die kleinen Spaziergänger sorgfältig von den Beamten gebettet wurden, bevor sie dem Naturschutzwart des Landratsamtes **Rastatt** anvertraut wurden. Wie ordentlich die Kleinen ihr Transportmittel verlassen haben, weiß man nicht. Vermutlich dürfte jedoch einer der Polizisten an diesem Tag ohne seine Mütze im Einsatz gewesen sein.

Mütterliche Gefühle

Auch zu viel Zuwendung kann nervig sein. So jedenfalls erging es einem Känguru in einem Altenpflegeheim in **Kehl**, das dort zu Therapiezwecken gehalten wurde. Eines schönen Morgens jedenfalls nutzte es die Gunst der Stunde und machte sich samt Nachwuchs aus dem Staub. Einige Zeit später wurde das unternehmungslustige Muttertier im Bereich der Mozartstraße gesichtet und die Polizei alarmiert. Von so viel polizeilicher Aufmerksamkeit begreiflicherweise verunsichert, hüpfte das Wallaby-Känguru davon. Doch vor lauter Schreck verlor es bei der aufregenden Flucht seinen Sprössling. Für die Beamten des Polizeireviers Kehl kein Problem – »im dienstlich gelieferten, mit Stroh gepolsterten Pullover und viel Körperwärme erfolgte dann im Streifenwagen der Transport zurück zum Muttertier«, so der abschließende Polizeibericht.

Irren ist menschlich

Angst vor dem Nikolaus

Ein Mann, vermummt mit einer Nikolausmaske? Ausgestiegen aus einem auswärtigen Bus mit abgetönten Scheiben, während ein weiterer Verdächtiger am Steuer sitzen blieb? Dabei kann es sich nur um Bösewichte handeln, befürchtete die Verkäuferin eines Getränkemarkts in **Uhingen** (Kreis Göppingen) und verständigte die Polizei. Verängstigt schloss sie sich in ihrem Geschäft ein und überließ es der Streife, das verdächtige Fahrzeug zu überprüfen. Doch als die eintraf, war dieses bereits verschwunden. Vorsorglich hatte sich die Frau das Kennzeichen notiert. Bei der Überprüfung wurde festgestellt, dass es sich bei den verdächtigen Männern um Polizeischüler handelte, die für eine Nikolaus-Aktion im Einsatz waren.

Verdächtiger Vermummter!

Frisch verföhnt

Ein vermeintlicher Brand in einer Sammelunterkunft in **Hardheim** (Landkreis Neckar-Odenwald) zog einen größeren Rettungseinsatz nach sich. Nach Eingang des Brandmeldealarms rasten 19 Feuerwehr-Einsatzkräfte mit vier Fahrzeugen los, ebenso wie Rettungsdienst und Polizei, um Schlimmeres zu verhindern. Vor Ort stellte sich dann die Ursache des Alarms heraus: Eine Bewohnerin hatte sich die Haare geföhnt – und zwar direkt unter der Brandmeldeanlage. Letztendlich blieb im Bericht nur festzuhalten: »Nichts passiert, niemand verletzt, Fehlalarm wegen des Gebrauchs eines Föns.«

Plüschiges Verkehrsopfer

Tiere haben auf der Straße nichts verloren. Weder tot noch lebendig. Deshalb machte sich die **Esslinger** Polizei auch sofort auf den Weg, als an einem ersten Adventssonntag mehrere Anrufe auf dem Revier eingingen, die allesamt einen überfahrenen Fuchs auf der Bundesstraße 10 meldeten.

Allerdings hatte kein echter Reineke dran glauben müssen, sondern ein »Ice Age«-Stofftier. Genauer gesagt ein »Scrat«: Fans der »Ice Age«-Filme kennen das Säbelzahneichhörnchen als das Urtier, das allerlei Ärger mit einer Eichel hat. »Mit nur leichten Verletzungen konnte das Tier in Obhut genommen und aufgepäppelt werden«, erklärte die Polizei mit einem Augenzwinkern.

Batman lässt grüßen

Vorsicht ließ auch jener Bürger walten, der mitten in der Nacht eine mit einem Kapuzenpulli getarnte Person beobachtete, die mit der Taschenlampe in einer **Stuttgarter** Wohnung zugange war. Die Polizei rückte mit sieben Streifenwagen aus. Als sie bemerkten, dass jegliche Einbruchsspuren an der Wohnungstür fehlten, klingelten sie Sturm. Die Tür ging auf – und der Bewohner erklärte den verdatterten Beamten, dass sich mehrere Fledermäuse in seinen vier Wänden aufgehalten hätten, die er mithilfe seiner Taschenlampe vertrieben hatte.

Sehr lebendig

An einem Abend im Januar 2015 meldete ein besorgter Bürger in **Schutterwald** der Polizei eine vermeintlich beängstigende Situation. Im Dunkel der Nacht gewahrte der Mann auf einem Feldweg einen silbernen Mercedes, aus dessen Kofferraum er unzweifelhaft die Beine einer Person ragen sah. Der Mann vermutete ein Kapitalverbrechen und alarmierte umgehend die Polizei. Bevor diese jedoch am Ort des Geschehens eintreffen konnte, nahm der Mann all seinen Mut zusammen und recherchierte auf eigene Faust. Bei dieser Gelegenheit erkannte er, dass sich in dem abgestellten Wagen zwei Personen befanden, die sich als quicklebendig erwiesen. Die beiden waren gerade bei einem Schäferstündchen zugange und wohl nicht allzu erbaut über den unerwarteten Zeugen ihres Tuns. Die alarmierten Beamten brauchten nicht einzugreifen.

Kein Aprilscherz

Eine äußerst großzügige Dame aus **Lörrach** hätte sich kein besseres Datum für ihr Vorhaben aussuchen können. Am 1. April 2015 meldete sich ein junger Mann bei der Polizei: Soeben habe ihn eine Frau auf der Straße angesprochen, die ihm ihren Kleinwagen schenken wolle. Angesichts des Datums und des doch nicht ganz zu vernachlässigenden Werts des Geschenks könne er das einfach nicht glauben. Die Polizei nahm sich der Sache an, fragte nach und befand alles in bester Ordnung: Besagte Frau wollte aus Deutschland auswandern und hatte so weit auch alles schon abgewickelt – bis auf das Auto. Da ihr die Zeit davonlief, wollte sie ihren Wagen so schnell wie möglich loswerden, daher das nicht alltägliche Angebot. Nachdem der Sachverhalt nun auch behördlicherseits geklärt war, nahm der junge Mann das Geschenk dankbar entgegen.

Schwertträger in der S-Bahn

Panik in der S-Bahn. Einige Tage vor Weihnachten 2015 ging um 9.45 Uhr bei der Bundespolizei in **Stuttgart** der Notruf eines besorgten Bürgers ein. In der Kleinstadt **Marbach am Neckar** (Kreis Ludwigsburg) wurde in der S-Bahn-Linie 4 in Fahrtrichtung Stuttgart eine verdächtige Person gesichtet, die mehrere Schwerter mit sich führte. Die alarmierten Beamten rückten sofort an, stoppten den Zug noch im Bahnhof von Marbach und untersagten die Weiterfahrt bis zum Abschluss der Ermittlungen. Bei der Kontrolle durch

Die wollen nur spielen ...
Aber bitte nicht in der S-Bahn!

die Polizei konnte bald Entwarnung gegeben werden – bei den gemeldeten Schwertern handelte es sich um zwei Gummi-Attrappen, bei dem verdächtigen Mann um einen Mitarbeiter des weihnachtlichen Mittelaltermarktes in **Esslingen**, der in der für solche Veranstaltungen üblichen Arbeitstracht auf dem Weg zu seinem Einsatzort war.

Zombie in der Polizeikontrolle

Unheimliche Begegnungen erlebt die Polizei nicht nur in der S-Bahn, sondern zuweilen auch bei ganz gewöhnlichen Straßenkontrollen. Der Anblick, der sich einer Besatzung eines Streifenwagens zu später Stunde bei **Rust** bot, ließ den Beamten das Blut in den Adern stocken. Denn der Fahrer des angehaltenen Wagens sah wirklich zum Fürchten aus: Mit starren, stechenden Augen blickte er den Polizisten entgegen. Aus einer tiefen Kopfwunde schienen frisches Blut und Gehirnmasse zu strömen, dazu ein bluttriefender Mund, als ob er gerade seine Beute gerissen hätte, und dann noch die steingraue Hautfarbe ... Es dauerte einen Moment, ehe die Polizisten ihre Fassung wiedergefunden hatten und mit der Fahrzeugkontrolle weitermachen konnten. Bei dem bluttriefenden Zombie handelte es sich um einen Schichtarbeiter, der gerade auf dem Heimweg war, als er von der Polizei angehalten wurde. Der so grauslig ausstaffierte Schwarzwälder Saisonarbeiter gehörte zu den berufsmäßigen »Erschreckern« beim Europa-

Park in **Rust**. Zu Halloween arbeiten in dem Freizeitpark bis zu 250 freie Mitarbeiter, die nichts anderes zu tun haben, als auf möglichst spektakuläre Weise Angst und Schrecken zu verbreiten. Wenn es nachts spät wird, fahren die Horrordarsteller bisweilen noch im Kostüm nach Hause, ohne sich zuvor abzuschminken. Denn ehe ein ansonsten biederer Familienvater zu einem grauenerregenden Zombie mutiert, muss er erst einmal für eine Stunde in die Maske. So lange braucht es, bis aus ihm mit viel Schminke, Latex, Silikon und viel Farbe ein schrecklicher Zombie wird.

Halloween in Tübingen

Ein Autofahrer in **Tübingen** bekam den Schreck seines Lebens, als er auf dem Parkdeck des Depot-Areals seinen Wagen abstellte und dort einen blutigen, leblosen Körper entdeckte. Der Mann alarmierte sofort die Polizei. Als die Beamten kurz darauf am Ort des Geschehens eintrafen, schien sich der Verdacht auf ein blutiges Gewaltverbrechen zunächst zu bestätigen. Bei näherer Untersuchung des »Mordopfers« stellte sich allerdings heraus, dass die vermeintliche Leiche ein übriggebliebener Halloween-Scherzartikel war. Die täuschend echt präparierte Puppe bestand aus mit Styropor ausgestopften Kleidungsstücken, die kunstvoll zu der Form eines menschlichen Körpers drapiert waren. Um die Leiche noch lebensechter wirken zu lassen, war das grausige Exponat in weißes Tuch gehüllt und mit roter Farbe bemalt worden, was den Anschein einer großzügig blutenden Wunde erweckte. Die Styroporleiche wurde von den Beamten umgehend entsorgt. Der ebenfalls alarmierte Rettungsdienst zog erleichtert und unverrichteter Dinge wieder ab.

Schnürsenkel des Grauens

In heller Panik rief ein 79-Jähriger aus **Altenheim** (Neuried) bei der Polizei an: In einer Wohnung in der Fischergasse sei er im Zuge einer Wohnungsauflösung auf einen Skorpion gestoßen. Der Senior aus Altenheim berichtete, dass der pechschwarze Arachnide bereits seinen mit einem Giftstachel bewehrten Hinterleib drohend gegen ihn gerichtet habe. Dennoch habe er sich ein Herz gefasst und das gefährliche Tier todesmutig fotografiert. Als die Beamten das Foto zu Gesicht bekamen, konnten sie den aufgeregten Mann beruhigen. Auf dem Bild war lediglich ein vollkommen ungiftiges Bündel schwarzer Schnürsenkel zu sehen, das achtlos auf dem Boden lag.

Toter Sack

Einen schockierenden Fund meinte ein 23-jähriger Mann in **Öhringen** (Hohenlohekreis) gemacht zu haben. Gegen 23 Uhr setzte er einen Notruf ab: In der Rathausstraße liege eine leblose Person. Er habe versucht, den Puls zu ertasten, jedoch keine Lebenszeichen feststellen können. Eine Polizeistreife in der Nähe war rasch vor Ort. Der Mann erwartete sie bereits und zeigte ihnen seinen Fund. Verdutzt stellten die Beamten fest, dass es sich bei der vermeintlichen Leiche um einen blauen, mit Hausmüll befüllten Müllsack handelte. Erleichtert versuchten die Beamten dem jungen Mann seinen Irrtum klarzumachen. Der blieb zunächst allerdings hartnäckig bei seiner Behauptung, dass dort ein hilfloser Mensch liege. Zum guten Schluss ließ sich der leicht alkoholisierte Helfer von den Beamten doch noch eines Besseren belehren. Der Mann sei als Drogenkonsument polizeibekannt, sagte eine Sprecherin der Polizei, und der konnte in diesem Fall seinen Weg unbehelligt fortsetzen.

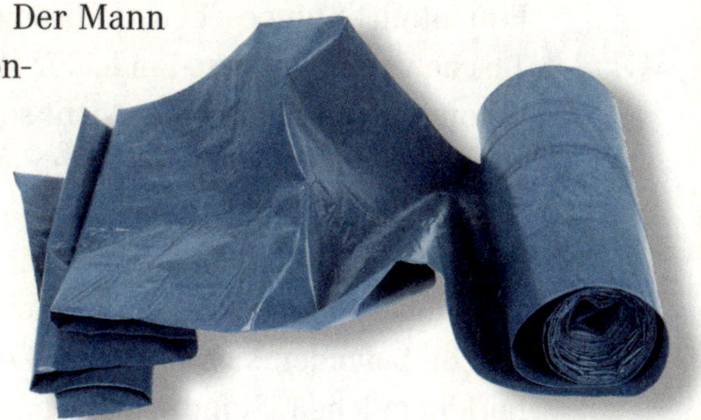

Völlig von der Rolle.

In aller Herrgottsfrühe

Nachts auf dem Friedhof. Im Schutz der Dunkelheit schaufeln zwei finstere Gestalten auf dem Friedhof in **Lörrach** an einem Grab. Ein schlafloser Anwohner bemerkte das verdächtige Treiben und alarmierte umgehend die Polizei. Als die Beamten an dem unheimlichen Ort eintrafen, stießen sie auf zwei verdutzte Friedhofsmitarbeiter, die lediglich ihres Amtes walteten und ein Grab aushuben. Normalerweise wird so etwas tagsüber erledigt, wie die beiden Mitarbeiter beteuerten. Wegen der andauernden Hitzewelle hatten sie sich aber entschlossen, diese schweißtreibende Tätigkeit lieber des Nachts auszuüben.

Auf den Hund gekommen

Einmal nicht hingesehen, und schwupp!, schon ist die Tasche verschwunden. Ein leider alltäglicher Vorgang, besonders auf Bahnhöfen. Nicht so ganz genau hingeschaut hatte allerdings ein Dieb auf dem Bahnhof in **Singen**, als er einer Dame, die gerade damit beschäftigt war, am Automaten eine Fahrkarte zu erwerben, ihre abgestellte Tasche entwendete. In der geklauten Tasche befanden sich nun aber keine Wertsachen im herkömmlichen Sinne, sondern etwas, was der bestohlenen Dame noch viel wichtiger war – ihr kleiner Hund Luca nämlich. Über soziale Netzwerke startete die Frau sofort einen Aufruf zur Hundesuche. Mit Erfolg: Eine Passantin fand Hund samt Tasche noch am selben Abend unweit des Bahnhofs. Wie die Polizei erklärte, stand das kurzzeitig entführte Tier noch ganz im Banne des Erlebten. Zum Täter konnte der Hund allerdings keine Angaben machen, so die Beamten.

Das Böse lauert überall oder Dummheit kennt keine Grenzen

Einbruch mit kleinen Fehlern

Kuriose Polizeieinsätze beschränken sich natürlich nicht nur auf Baden-Württemberg. Strunzdumme Ganoven treiben auch jenseits der Landesgrenzen ihr Unwesen, wie ein besonders niedlicher Fall aus dem August 1995 zeigt. In **Saarmund** bei **Potsdam** hatten ein paar ganz Clevere akribisch geplant, wie sie eine Bank ausrauben könnten, ohne Gewalt anzuwenden. In einer filmreifen Nacht-und-Nebel-Aktion setzten sie krachend mit einem zuvor geklauten Lkw rückwärts durch die gläserne Eingangsfront einer Bank. In dem brachial geöffneten Schalterraum wickelten sie um einen Automaten ein Stahlseil, das sie mit der Anhängerkupplung des Lastkraftwagens verbanden. Dann gaben sie kurz Gas und entkamen unerkannt mit der aus der Verankerung gerissenen Beute – einem Kontoauszugsdrucker.

Viel Lärm um nichts

Schweres Gerät setzten auch zwei ungeschickte Bankräuber in **Halberstadt** ein, die bei einem spektakulären Einbruch in einer Bank den gesamten Straßenbahnbetrieb in der Stadt im Vorharz lahmlegten. Ähnlich wie die Ganoven in **Saarmund** bretterten die Ganoven mit einem gestohlenen Laster mit Ladearm in eine Filiale der örtlichen Kreissparkasse und rissen einen freistehenden Geldautomaten aus der Verankerung. Doch damit nicht genug des Zerstörungswerks. Bei ihrer Flucht durch die Stadt zerlegten die eiligen Diebe wegen des nicht abgesenkten Ladearms die Oberleitungen der Straßenbahn auf einer Länge von mehreren Hundert Metern, was einen Kurzschluss in der Stromführung zur Folge hatte. Bei der Gelegenheit wurden von den beiden Räubern auch mehrere Hausfassaden und Fenster beschädigt. Die Pechvögel waren über ihr Ungeschick offensichtlich selbst so erschrocken, dass sie den Laster mitsamt dem noch ungeknackten Geldautomaten auf der Ladefläche in einer Sackgasse in der Altstadt abstellten und ihr Heil in der Flucht zu Fuß suchten – ohne Beute.

Bitte recht freundlich!

Selten dämlich stellten sich auch zwei Einbrecher in **Schwerin** an, die ein Fotogeschäft ausraubten. Im Hochgefühl des anscheinend gelungenen Coups fotografierten sich die Gauner gegenseitig mit einer Polaroidkamera. In Unkenntnis der Funktionsweise einer solchen Sofortbildkamera warfen sie die noch schwarzen, aber belichteten Fotos in den Papierkorb. So bekam die Polizei, die wenig später eintraf, mit den fertig entwickelten Fotos drei gelungene Schnappschüsse von den Tätern frei Haus geliefert, was die Fahndung doch erheblich erleichterte.

Exzellent getroffen wurde auch ein Räuber in **Bonn**, der sich die Handtasche einer 83-jährigen Frau geschnappt hatte, die gerade in einem Fotoautomaten saß, um Passbilder von sich zu machen. Der junge Mann steckte seinen Kopf genau im richtigen Moment in die Kabine – die Kamera löste aus und lieferte den hinzugerufenen Beamten ein ausgezeichnetes Fahndungsfoto.

Schnell ermittelten die Beamten auch die Identität jenes Bundeswehrsoldaten, der in Uniform und Strumpfmaske eine Bank überfiel. Trotz der raffinierten Maskierung war schnell klar, wer sich da mit unlauteren Mitteln bereichern wollte. Auf der Uniform des Soldaten prangte gut sichtbar sein Namensschild.

Wer zu spät kommt, den bestraft das Leben

Endlich einmal reich sein ... Den Coup seines Lebens glaubte ein Mann aus Brandenburg gemacht zu haben. Nur fünf Tage nach der Währungsunion im Juli 1990 überfiel der Mann eine kleine Sparkassenfiliale in **Herzfelde** bei Berlin. Der Coup gelang ihm auch, und die Beute konnte sich durchaus sehen lassen: 2200 Mark – Ost.

Augen auf beim Schuhklau

Einem Einbrecher aus **Bonn** dürfte es schwergefallen sein, für seine Beute einen Abnehmer zu finden. Zwar war es ihm gelungen, aus der Auslage eines Sportartikelgeschäftes 14 Schuhe im Wert von 3000 Euro einzusacken – mit dem kleinen Makel allerdings, dass die Schuhe ausnahmslos nur für den rechten Fuß geeignet waren.

Klappe zu ...

Fast schon erfolgreich zu Ende gebracht hatten zwei Räuber den Überfall auf einen Geldtransporter. Vor einem Metro-Markt kletterte einer der Räuber in den dort abgestellten Panzerwagen, um die Geldsäcke auszuladen, währenddessen sein Kumpan damit beschäftigt war, die eben geraubte Beute in den Fluchtwagen zu verstauen. Beide hatten allerdings nicht mit der schnellen Reaktion des überfallenen Geldboten gerechnet. Der schlug die Tür des Transporters kurzerhand zu, schwang sich zu seinem Kollegen ins Führerhaus und verriegelte den Wagen. Der solcherart verhinderte Räuber konnte den Geldtransporter erst vor der nächstgelegenen Polizeiwache verlassen.

Alles Gute kommt von oben

Nicht gerade als begnadeter Fassadenkletterer erwies sich ein Einbrecher, als er versuchte, in ein **Berliner** Juweliergeschäft einzusteigen. Um an der Rückseite des Gebäudes einen Zugang zu finden, balancierte er vorsichtig über die mit Drahtgeflecht gesicherte Krokodilhalle des Berliner Zoos. Solch verbotenes Tun birgt unerwartete Risiken – der Mann rutschte ab und landete auf einem Baum. Unter ihm die Krokodile, die erwartungsvoll auf einen kleinen Mitternachtssnack hofften. Der verhinderte Einbrecher wurde am nächsten Morgen von der Polizei aus seiner misslichen Lage befreit.

Im Auftrag ihrer Majestät

Gefahr droht überall: In **Augsburg** beobachtete ein Fahrlehrer während einer Übungsstunde hinter einem beleuchteten Fenster einen Mann mit einer Pistole in der Hand. Aufgeschreckt alarmierte er die Einsatzkräfte, bevor der erste Schuss fallen konnte. Die rückten mit vier Fahrzeugen an. Trotz seiner Lizenz zum Töten konnte der bewaffnete Mann schnell überwältigt werden. Es handelte sich um eine Pappfigur des Schauspielers Pierce Brosnan, bekannt auch als James Bond, Geheimagent 007. Die Hausbewohner hatten die lebensgroße Figur auf die Seite gestellt, um einen Schrank öffnen zu können. Die Polizei verzichtete auf weitere Ermittlungen.

Katzen kennen keine Langeweile

In heller Aufregung alarmierte eine Hausbesitzerin in **Eschweiler** (Nordrhein-Westfalen) die Polizei. Ihre Mieter, die eine Etage über ihr wohnten, befanden sich in Urlaub, die Dame hatte versprochen, bis zu deren Rückkehr einmal am Tag deren Blumen und vor allem die Katze zu versorgen. Doch jetzt drangen aus dieser Wohnung seit mehreren Stunden verdächtige Geräusche – Bohr-, Säge- oder Staubsaugergeräusche, wie sie meinte. Was ja eigentlich unmöglich war. Das sah auch die Polizei so und machte sich schleunigst auf den Weg. Beim Eintreffen der Beamten wartete die

Frau schon vor dem Haus, drückte ihnen den Wohnungsschlüssel in die Hand und erklärte ihnen, dass bestimmt Einbrecher in der Wohnung seien.

Letzteres erwies sich als Trugschluss, wie sich beim Öffnen der Tür herausstellte. Was die Beamten tatsächlich in der Wohnung antrafen, hielten sie folgendermaßen in ihrem Schlussbericht fest: »Kein Mensch in der Wohnung. Der Bodenstaubsauger läuft allerdings. Übeltäter scheint die Katze zu sein. Die hat wohl Spaß daran, auf den Staubsauger zu springen und dabei die Ein-/Aus-Taste zu betätigen. Stecker gezogen; Katze zur Ruhe ermahnt.« Das Kätzchen wusste sich eben auch ohne sein Hauspersonal zu beschäftigen.

Mein lieber Pfau

US-Soldaten im unterfränkischen **Geldersheim** mussten wegen einer ungewöhnlichen Attacke Unterstützung anfordern. Ein Pfauenweibchen war unerlaubt in die Kaserne eingedrungen und belästigte die GIs beim Frühsport. Sämtliche Abwehrversuche blieben erfolglos, der Vogel ließ sich einfach nicht vertreiben. Schließlich schaffte es einer der Soldaten, der auf einer Farm aufgewachsen war, das Problem zu lösen, ohne mit Kanonen auf Spatzen, Pardon, Pfauen zu schießen: Beherzt fing er die Verfolgerin ein und hielt sie bis zum Eintreffen der Polizei fest.

Mittagessen mit Nebenwirkungen

Statt eines Mittagessens hat ein britischer Dealer seinem kleinen Sohn versehentlich Drogen im Wert von umgerechnet mehr als 15 000 Euro mit in die Kindertagesstätte gegeben. Der Mann hatte schlicht die Taschen verwechselt, als er seinen Sprössling vor der Einrichtung im englischen **Folkestone** absetzte. Als er den verhängnisvollen Fehler bemerkte, ging er zurück und wollte seine Tasche wiederhaben. Die Mitarbeiter wurden misstrauisch und riefen die Polizei, der Mann wurde von einem Gericht zu vier Jahren Haft verurteilt.

Glücklich ist, wer vergisst – oder vergessen wird

Einen Einsatz mit einem überraschenden Ende hatte eine Polizeistreife im nordrhein-westfälischen **Herzogenrath**, die von einem **Dürener** Unternehmen alarmiert worden war. Man zeigte sich dort ausgesprochen besorgt, weil ein Angestellter seit geraumer Zeit einfach nicht mehr zur Arbeit erschienen war. Seitdem sei er auch nicht erreichbar, Anrufe blieben unbeantwortet, so die besorgte Firmenleitung. Also fuhr der Streifenwagen zur Wohnung des Mannes in Herzogenrath.

Zur großen Überraschung der Beamten öffnete der Mann und machte zudem einen ausgesprochen gesunden Eindruck. Den Rest der Geschichte sollte man dem Schlussprotokoll des Einsatzes entnehmen: »Herr Weber (Name geändert) konnte angetroffen werden; es geht ihm gut. Er war erstaunt, dass sich die Firma Sorgen macht. Die Firma habe ihm vor Wochen gekündigt.«

Die Firma erhielt hierüber Bescheid – verbunden mit der Bitte, an der internen Kommunikation noch etwas zu feilen.

Geschichten aus dem Kriminalmuseum Freiburg

(Mitarbeit: Kriminalhauptkommissar a. D. Günther Boetsch)

Einführung – das Kriminalmuseum in Freiburg

Die Exponate sind so zahlreich wie verschieden: ein liebevoll nachgebautes Modell der Burg Hohenzollern bei Hechingen, eine Sammlung anscheinend ganz profaner Werkzeuge wie Schraubendreher, Spitzhacke und Bolzenschneider, daneben ein ansehnliches Arsenal verschiedenster Handfeuerwaffen und Gewehre, darunter ein Maschinengewehr aus dem Zweiten Weltkrieg und eine 250-Kilogramm-Bombe der US Air-Force – ohne Zünder, versteht sich. Die genannten Ausstellungsstücke waren nur einige der Exponate, die bis zum 15. Oktober 2014 im ehemaligen Kriminalmuseum der Fachhochschule der Polizei in Freiburg untergebracht waren (siehe Kasten).

Das Kriminalmuseum war über viele Jahrzehnte ein heimlicher Dauerbrenner, und für jeden, der schon einmal dieser Einrichtung einen Besuch abgestattet hatte, war es ein eindrucksvolles und bisweilen einschneidendes Erlebnis.

Die Anfänge des Museums gehen in die 1960er-Jahre zurück. 1985 hatte Günther Boetsch die Sammlung ausgebaut und die Führung im Museum übernommen.

Präsentiert wurden darin die verschiedensten Einbruchswerkzeuge, manipulierte Glücksspielautomaten und Rauschmittel in allen Varianten, Falschgeld und eine Agentenausrüstung, die aus einem James-Bond-Film stammen könnte. Ein eigens abgeteiltes Kabinett mit den Utensilien eines SM-Studios war dem Rotlichtmilieu gewidmet. Doch am interessantesten sind die Geschichten, die Günther Boetsch auch heute noch zu den Ausstellungsstücken zu erzählen weiß.

Günther Boetsch – ehemaliger Leiter des Freiburger Kriminalmuseums.

Blick ins Kriminalmuseum Freiburg.

Die Akademie der Polizei in Freiburg, zu der das Kriminalmuseum gehörte, wurde im Zuge der von Innenminister Gall eingeleiteten Strukturreform für die baden-württembergische Polizei nach einer Übergangsphase 2016 geschlossen und als »Institut für Fortbildung und Management« in Böblingen neu eröffnet. Teile der Akademie wie auch das Museum sollen nach Biberach und Böblingen verlagert werden. Das Gebäude beherbergt noch einige Zeit die Fachhochschule der Polizei, die noch studierenden Bacheloranwärter der Polizei werden bis zum Abschluss des Studiums am Standort Freiburg ausgebildet.

Raub der Kronjuwelen

Einer der aufsehenerregendsten Einbrüche in der Geschichte der Bundesrepublik ereignete sich im Juli 1953: der Raub der Kronjuwelen der preußischen Könige aus der Burg Hohenzollern (**Bisingen-Zimmern**, Zollernalbkreis). Paul Falk, ehemals Schlangenmensch in einem Zirkus, hatte »die wenige Zeit, die er nicht im Knast saß, dazu genutzt, möglichst spektakuläre Einbrüche zu begehen«, so der ehemalige Leiter des Freiburger Kriminalmuseums Günther Boetsch. Der Coup war sorgsam vorbereitet. Tage vorher schon hatte Falk das Tatwerkzeug am Burgberg in einem Versteck bereitgelegt. Als Falk allerdings zum Zeitpunkt des geplanten Einbruchs das Werkzeug hervorholen wollte, war dieses verschwunden. Wie sich später herausstellte, hatten drei Kinder im Alter von zehn Jahren den Bolzenschneider beim Spielen entdeckt und mit nach Hause genommen. Doch von solchen lästigen Widrigkeiten ließ sich ein Paul Falk nicht von seinem Vorhaben abhalten. Er erstand umgehend einen neuen Bolzenschneider, den er wiederum am Tatort deponierte. Ein paar Tage später verschaffte Falk sich Zugang durch eines der Fenster und machte sich in aller Gemütsruhe auf den Raubzug. Einmal in die Räume der Burg eingedrungen, hatte der Täter leichtes Spiel. »Die Schlossherren hatten zwar eine Alarmanlage in der Burg installiert. Nur war die an diesem Abend leider nicht scharfgeschaltet«, so erzählt Günther Boetsch über die Ermittlungen zum Tathergang.

Modell der Burg Hohenzollern, die eine spezielle Einheit der Kripo zur Aufklärung des Falles in liebevoller Handarbeit gebaut hat.

Paul Falk steckte mehrere brillantenbesetzte Tabaksdosen von Friedrich dem Großen und andere Preziosen des Preußenkönigs ein. Die historische Bedeutung des Kronschatzes kümmerte den Einbrecher nicht. »Er hat alles kurz und klein geschlagen und in Stücke gesägt – es ging ihm nur um Gold, Silber und Edelsteine«, sagt Günther Boetsch.

Mit einer Ausnahme. »Pietät« habe ihn davon abgehalten, auch die Königskrone und die legendäre Tabaksdose mitzunehmen, die Friedrich II. während einer Schlacht vor einer möglicherweise tödlichen Kugel bewahrt hatte, erzählte der Einbrecher vor Gericht.

Die Beute im Wert von 1,5 Millionen Mark vergrub Falk im Wald. Dumm nur, dass Paul Falk zugleich ein berüchtigter Hochstapler und Heiratsschwindler war. Eine der Ehefrauen in spe hatte ihn aus naheliegenden Gründen verpfiffen, und den neu erstandenen Bolzenschneider hatte Paul Falk unter seinem polizeibekannten Falschnamen »Paolo del Monte« erstanden, wie die Ermittler anhand des Kaufbelegs erkennen konnten. Eine »Delmonte-Eiche« erinnert noch heute an das Ju-

Die beschlagnahmte Beute aus dem Einbruch.

Paul Falk demonstriert nach seiner Festnahme den Ermittlern, wie er durch das Fenster in die Burg gelangt war.

welenversteck. Paul Falk konnte es auch nach seiner Entlassung nicht lassen – bereits zwei Jahre später brach er bei der Gräfin Elisabeth zu Erbach-Fürstenau ein und wurde zuletzt 1984 gefasst, weil er in einem Drogeriemarkt Parfüm mitgehen ließ – einmal am Morgen und weil's so schön war, am Abend desselbigen Tages gleich noch einmal.

Ein ordnungsliebender Einbrecher

Wie in jedem Handwerk gehören präzise Planung und gutes Werkzeug auch zu den Grundvoraussetzungen eines erfolgreichen Unternehmens. Charakterliche Tugenden wie Sorgfalt, Genauigkeit und Ordnungsliebe sind auch für einen Ganoven durchaus hilfreich – meistens jedenfalls.

Seine Ordnungsliebe wurde einem notorischen Wohnungseinbrecher schließlich zum Verhängnis. Bei der Durchsuchung der Wohnung eines Verdächtigen stießen die Ermittler als Erstes auf ein Regalbrett im Flur, auf dem der Ganove sein gesamtes Handwerks-

Das originale Einbruchswerkzeug aus dem Regal eines ordnungsliebenden Einbrechers.

zeug griffbereit deponiert hatte. »Wie man sieht, war der Mann sehr ordnungsliebend. Aber auch ein Dilettant«, sagt Günther Boetsch. »Das Werkzeug taugt nicht zum Einbrechen. Schraubendreher, Stemmeisen und selbstgebastelte Dietriche – frei nach dem Motto: Man probiert sie halt aus, vielleicht passt ja einer.« Auf diesem Werkzeugbord fand sich zur Freude der Ermittler auch eine Art Handbuch, worin der notorische Delinquent akkurat seine Einbrüche mit allen relevanten Daten wie Uhrzeit und Art und Wert der Beute penibel dokumentiert hatte.

Zu den sorgsam gewarteten Arbeitsmaterialien gehörte auch ein selbst gebastelter kleiner Revolver, der eher wie eine Spielzeugwaffe aussieht. »Man glaubt es nicht«, sagt Boetsch. »Aber hierbei handelt es sich um eine scharfe Waffe, einen Neun-Millimeter-Revolver mit erstaunlicher Wirkung. Wir haben ihn ausprobiert und waren durchaus davon beeindruckt.«

Für seine Raubzüge hatte der Mann ein liebevoll zusammengenähtes Ledersäckchen griffbereit, in dem er seine Ausrüstung stets bei sich führen konnte.

Bei der Beschlagnahmung des Einbruchswerkzeugs stand der Einbrecher daneben und hat unter den Augen der Polizisten ein Messer mit der Klinge voran heruntergeschluckt. »Damit wollte er bezwecken, dass er zuerst zu einem Arzt kommt oder ins Krankenhaus«, erklärte Boetsch. Was dem ertappten Verbrecher auch gelungen ist. »Im Krankenhaus«, so Boetsch, »ging dann mit energischer medizinischer Nachhilfe nach eineinhalb Tagen dieses Messer auf natürliche Art und

Weise wieder ab.« Günther Boetsch ergänzt: »Danach wurde der Täter noch einen Tag länger im Krankenhaus behalten, von wo er dann auch prompt abgehauen ist. Er wurde dann aber bald wieder gefasst.«

Übermut tut selten gut

In den 1960er Jahren wurde Günther Boetsch als Erkennungsdienstbeamter zusammen mit einem Kollegen wegen eines Einbruchs ins Goethe-Institut in der Nähe des Hauptbahnhofes in **Freiburg** gerufen. Der Sachverhalt erwies sich als einfach. Die Täter hatten ein Fenster aufgehebelt und waren eingestiegen. In mehreren Büros waren Schreibtische und Schränke auf der Suche nach Bargeld durchwühlt worden. Außer einem Kaffeekässchen mit wenigen Mark Inhalt fanden die Diebe nichts Brauchbares. Wie öfters bei Einbrüchen waren der entstandene Sachschaden und die hinterlassene Unordnung größer als die Beute.

In einem Büro stand ein Fernschreiber mit Papierrolle. Von diesem hatten die Täter ein Stück Papierbahn gerissen, auf dem Schreibtisch ausgebreitet, an den Enden mit einem Locher und einem Schnellhefter beschwert und sie mit rotem Filzschreiber als Gruß für die Polizei folgendermaßen beschriftet: »Scheißbullen! Ihr Arschlöcher kriegt uns ja doch nicht!«

Dem Ermittler kam der Gedanke, dass die Täter die Papierbahn wegen der Neigung zum Zusammenrollen vor der Beschriftung mit den Händen zunächst auf die

Schreibtischplatten gedrückt haben mussten, ehe sie diese beschwert hatten. Zur Spurensuche wurde »Magna Brush« verwendet, ein feiner Eisenstaub, der mit einem Magnetstift hauchfein aufgetragen wird. Das Ergebnis konnte sich sehen lassen. An beiden Papierenden kamen qualitativ hochwertige Finger- und Handflächenspuren zum Vorschein, die Günther Boetsch mit transparenter Folie abzog. Der Rest war Routine. Die gesicherten Spuren wurden mittels Formblatt an das Landeskriminalamt Stuttgart gesandt. Nach wenigen Tagen lieferte das LKA den Namen des Spurenlegers, eines mehrfach vorbestraften Einbrechers. Bei der Festnahme gestand er den Einbruch und gab auch den Namen des Komplizen preis. Ohne die »freundliche« Mithilfe des Mannes wäre der Einbruch nicht so schnell aufgeklärt worden.

Menschliches – Allzumenschliches

Auch Einbrecher sind nur Menschen. Es kommt gar nicht mal selten vor, dass den Missetäter aus Nervosität am Tatort ein dringendes menschliches Bedürfnis überkommt. So geschah es auch bei einem Einbruch in das AOK-Gebäude in **Freiburg**. Zum Vollzug eines solchen Geschäftes hatte der Täter in großer Not ein bestimmtes rosafarbenes Papier benutzt. Farbton und Textur des verwendeten Materials kamen dem Ermittler irgendwie bekannt vor, und so entschloss man sich, die doch recht unappetitlichen Fragmente des Corpus

Delicti nach der Art eines Puzzle zusammenzusetzen. Das solcherart restaurierte Beweisstück stellte sich als eine Vorladung zum Amtsgericht heraus – komplett mit Namensnennung und Anschrift. Womit der Fall zügig abgeschlossen werden konnte.

Die abgebrochene Spitze

Ganz so anrüchig sind die Indizien, die zur Ermittlung eines Täters führen, zum Glück nicht immer. Aber oftmals ebenso eindeutig. Einmal verschaffte sich ein Einbrecher Zutritt zu den Kellerräumen eines Mehrfamilienhauses in **Freiburg** und wurde dort auch bald fündig. In einem Kellerabteil entdeckte er einen kleinen Panzerschrank, einen sogenannten Möbeleinschiebetresor. Der ungebetene Gast hoffte, den kleinen Tresor mal so nebenbei mit einem Schraubendreher aufhebeln zu können. Der Versuch misslang – ein Teil der Spitze des Schraubendrehers brach ab. Der Täter erwies sich zudem als ausgesprochener Amateur: Zur Freude der Spurensicherung ließ er die abgebrochene Spitze einfach auf dem Boden liegen und zog ohne Beute wieder ab. In derselben Nacht kontrollierte eine Polizeistreife beim Güterbahnhof einen verdächtigen Mann, der eine ebenso verdächtige Tasche mit einschlägigem Werkzeug mit sich führte. Darin fand sich auch ein Schraubendreher mit abgebrochener Spitze. Ein Passvergleich mit dem Bruchstück aus dem Keller ergab eine eindeutige Übereinstimmung. Die Ermittler hatten Glück – hätte der Einbrecher den Schraubendreher im Keller zurückgelassen, hätte man zwar das Tatwerkzeug identifizieren, aber keine so eindeutige Verbindung zu dem Mann am Güterbahnhof herstellen können.

Profis und Amateure

Auch Tresorknacken will gelernt sein. So hatte der Eigentümer einer in Insolvenz gegangenen Firma seinen Panzerschrank selbst aufgeschweißt – das allerdings so dilettantisch, dass dem erfahrenen Kriminaler ein

Ein Meister seines Fachs signiert seine Arbeit.

Blick auf den aufgebrochenen Geldschrank genügte, um den Inhaber wegen des Verdachts auf Versicherungsbetrug festzunehmen.

Ein wahrer Meister seines Fachs hingegen pflegt seine Arbeit zu signieren. Im Kriminalmuseum Freiburg war auch eine in einem Schreibsekretär verborgene Tresortür ausgestellt, die mit der Inschrift »Prosit Neujahr wünsht John Raffles Meisterdieb 1909!!!« gezeichnet ist. In der Einschätzung seiner Fähigkeiten hatte er nicht übertrieben. Der Mann wurde nie gefasst.

Diebesfallen – die Wahrheit kommt ans (UV-)Licht

Wenn sich in einem Betrieb Diebstähle häufen, kann es schon vorkommen, dass die Polizei gewissermaßen prophylaktisch tätig wird, um dem oder den mutmaßlichen Tätern auf die Spur zu kommen. Vor allem wenn nach Sachlage nur ein Betriebsangehöriger als Täter in Frage kommt, bietet sich das Legen einer Diebesfalle an, wie Günther Boetsch erklärt. Ehe die Polizei zu einer solchen Maßnahme greift, ist es notwendig, dass die Geschädigten Anzeige gegen unbekannt erstatteten. Danach beginnt der handwerkliche Teil, das Präparieren von Geldscheinen: Zuerst werden die Nummern der Scheine notiert und anschließend die Scheine mit Haarspray oder Klarlack imprägniert. Eine hauchdünne Schicht Vaseline dient als Kleber.

Danach werden die Scheine mit einer feinen Schicht Ätzstoff und mit verschiedenfarbigen UV-Leuchtstoffen bestäubt. Hartgeld wird auf die gleiche Weise präpariert und mit einem kleinen eingeritzten Kreuz gekennzeichnet.

Das Geld wird dann in Briefmappen, Geldbeuteln oder sonstigen Behältern an den Stellen ausgelegt, an denen die Diebstähle erfolgt waren. Die Geschädigten werden zu absolutem Stillschweigen verpflichtet und angewiesen, die Diebesfalle einmal am Tag unauffällig zu kontrollieren und bei Fehlbestand sofort die Polizei zu verständigen.

Dann folgt die Stunde der Wahrheit – sämtliche Betriebsangehörige werden einzeln in einen abgedunkelten Raum gebeten. Dort wird ihnen der Sachverhalt erläutert. Danach müssen sie die Hände in eine Schale mit Hydrichinonentwickler tauchen. Zeigen sich dann kleine braunschwarze Verätzungen an den Händen, haben die Ermittler einen ersten Verdachtsmoment. Danach werden die Personen mit UV-Licht angestrahlt. Sind dann goldfarbene, grüne oder orange Verfärbungen, insbesondere an der Kleidung, zu sehen, so ist dies ein weiterer Verdachtsmoment. Personen ohne solche Spuren sind unverdächtig. Kontrollen von Geldbörsen oder Briefmappen fördern manchmal auch das präparierte Geld zutage. »Lustig sind auch die Ausreden, die man zu hören bekommt«, erinnert sich Günther Boetsch. Es wird beispielsweise behauptet, die Ätzspuren kämen vom Nüsseknacken oder von einer Autoreparatur. Der Ermittler pflegen dann zu entgegnen, dass diese Spuren wohl eher von Geldbeuteln oder Briefmappen kämen, in denen man nichts verloren habe.

Held wider Willen

Im Stadtteil Stühlinger in **Freiburg** war die Hölle los. Mit vorgehaltener Pistole stürmte ein maskierter Täter in eine Bankfiliale und ließ sich mehrere Tausend D-Mark aushändigen. Nachdem der Gangster seine Beute eingesackt hatte, holte er aus einer mitgeführten Tasche ein schuhkartongroßes Paket, das er auf den Bankschalter legte. »Dies ist eine Bombe«, behauptete der Täter, eine Bombe, die er jederzeit von außen zünden könne. Damit flüchtete der Ganove aus der Bank.

Wie es der Zufall manchmal so will, filmte in der Nähe gerade ein Team des ZDF. Die Fernsehmacher wurden schnell gewahr, dass hier etwas Spektakuläres ablief, und stürzten sich sofort auf das Geschehen in der überfallenen Bank. Hauptkommissar Günther Boetsch war gerade damit beschäftigt, sich als eingesetzter Spurensicherungsbeamter der angeblichen Bombe anzunehmen. Er näherte sich dem Paket mit der gebotenen Umsicht und schob es mit einem langen Stock vorsichtig zur Seite. Es tat sich nichts. Am vorderen Ende des Pakets ragten zwei an den Enden abisolierte grüne und rote Kupferdrähte heraus, die nicht miteinander verbunden waren. Die Ummantelung der

»Bombe« bestand aus grauem Packpapier. Mit Geduld und viel Fingerspitzengefühl schnitt der Beamte das Packpapier der Länge nach auf, um der Gefährlichkeit des verdächtigen Päckchens auf die Spur zu kommen. Nachdem das bedrohliche Objekt von seiner Umhüllung befreit war, wurde offensichtlich, dass es sich bei der »Bombe« um nichts anderes als eine leere Schachtel Courvoisier-Cognac handelte, die mit Holzwolle und drei kleinen Steinen gefüllt war.

Während dieser nervenaufreibenden »Entschärfungsaktion« filmte das ZDF minutiös das Geschehen mit und ließ sich nicht vom Tatort vertreiben. Der kurze Dreh war am selben Abend noch in den »heute«-Nachrichten zu sehen. Mit der »Bombe« wurde in Großaufnahme ein Bild des Beamten Günther Boetsch gezeigt. Zur Freude der Kollegen war das Foto mit folgendem Text unterlegt: »Ein Sprengstoffspezialist der Freiburger Kriminalpolizei entschärft die vermeintliche Bombe.« Der Ex-Kriminaler legt Wert auf die Feststellung, dass er niemals ein Sprengstoffspezialist gewesen, sondern bei diesem Einsatz lediglich als »gewöhnlicher Erkennungsdienstbeamter« seiner Pflicht nachgekommen ist.

Unerwartetes Erbe

Ohne jetzt allzu sehr in die makabren Details zu gehen, kennen die Polizeibeamten auch bei dem Thema Selbsttötung zuweilen ungewöhnliche Begebenheiten, die trotz des tragischen Hintergrundes auch eine skurrile Seite haben.

Im **Freiburger** Stadtteil Stühlinger wurde in den 1970er Jahren eine Frau schon seit Tagen nicht mehr gesehen. Die besorgten Anwohner riefen daraufhin die Polizei. Die Beamten klingelten an der Tür der vermissten Bewohnerin. Da niemand öffnete, beschloss Günther Boetsch, mit seinem Kollegen vom Balkon einer Nachbarwohnung in die Wohnung der Frau einzusteigen. Die vermisste Frau lag bewusstlos auf dem Boden. Der herbeigerufene Rettungswagen brachte die Frau sofort in die Klinik.

Obgleich die Klärung versuchter Selbsttötungen nicht in den Aufgabenbereich der Polizei fällt, ließ den Ermittler das Schicksal der Frau nicht unberührt. Günther Boetsch besuchte die Frau drei Tage später im Krankenhaus, um sie kurz zu befragen. »Ich tröstete sie, so gut ich konnte, und sprach ihr Mut zu«, sagt Boetsch.

Ein Jahr später – die Geschichte war längst vergessen – erhielt Günther Boetsch einen Anruf vom Nachlassgericht. Dem Ermittler wurde zu seinem Erstaunen mitgeteilt, dass er eine Erbschaft gemacht hätte. Der Name der Erblasserin sagte dem Polizisten zunächst nichts. Also fuhr Günther Boetsch zum Nachlassgericht, um Näheres in Erfahrung zu bringen. Bei den Nachforschungen stellte sich heraus, dass es sich bei der Erblasserin um die Frau handelte, die Boetsch im Krankenhaus kurz vernommen hatte. Die Dame hatte sich in einem anderen Ort das Leben genommen und den vor einem Jahr so um sie besorgten Ermittler in ihrem Testament als Erbe eines Reisekoffers mit Inhalt benannt. »Ich entschloss mich, den Koffer noch an Ort und Stelle zu öffnen«, sagt Boetsch. »Das Erstaunen war groß.« Im Koffer befand sich ausschließlich Unterwäsche ihres schon viel früher verstorbenen Mannes, »hauptsächlich lange Unterhosen und teils geflickte Socken«. Der unvermutet zum Erben gewordene Günther Boetsch erklärte dem Nachlassgericht, dass er das Erbe ausschlage. Denn andernfalls, so Boetsch, hätte er den gesamten Kofferinhalt in der Altkleidersammlung entsorgen müssen. Günter Boetsch unterschrieb und konnte gehen. »Enttäuscht war ich aber nicht«, versichert der Polizist.

Linzer Torte mit Beigeschmack

Alles andere als zum Lachen zumute war Boetsch und seinen Kollegen, als sie Ende der 1960er-Jahre zu einem Dorf im Schwarzwald gerufen wurden, in dem sich eine Frau erhängt hatte. Am Tatort angekommen, bot sich den Ermittlern angesichts der Umstände ein – vorsichtig formuliert – etwas befremdlicher Anblick. Vor dem alten Bauerngehöft standen mehrere Männer herum, die ziemlich angeheitert wirkten. Die Leiche der Frau wurde in der Küche im Erdgeschoss gefunden – an einem Ofenrohr über dem Herd hängend. Auf dem Küchentisch stand eine ganze Batterie leerer Bierflaschen, Gläser und Kaffeetassen. Einer der anwesenden Männer erklärte dem Polizisten, dass es sich bei der Toten um eine unverheiratete Frau Tante handle, die in dem Haus gewohnt habe. Günther Boetsch war fassungslos: Die in der Küche anwesenden Männer zeigten keinerlei Trauer oder Entsetzen. Alle lachten fröhlich. Einer der Männer brachte eine Kanne Kaffee, stellte sie auf den Küchentisch und zog aus dem Backofen eine Linzer Torte hervor. Dann bat er die Polizisten freundlich zum gemeinsamen Kaffeeplausch. Dieses Ansinnen erschien dem Ermittler doch reichlich geschmacklos und so schickte er die Männer aus der Küche – allerdings nicht ohne zuvor von jedem der Anwesenden vorsorglich Faserspuren ihrer Oberbekleidung zu sichern, ebenso wie Klebebandabzüge von den Handinnenflächen der Toten. Diese polizeiliche Ermittlungsarbeit ließ die Stimmung doch merklich kippen. Die Männer durften erst wieder ins Haus, nachdem die Leiche abtransportiert worden war. Kopfschüttelnd und fassungslos verließen die Polizisten den grauenhaften Ort. Weinende und schreiende Angehörige sind bei Selbsttötungen für die ermittelnden Beamten nichts Ungewöhnliches. Aber eine solch »kaltschnäuzige Fröhlichkeit«, so Boetsch, war ihnen noch nicht untergekommen.

Ein Abend im Dezember

Mit einem nicht alltäglichen Mordfall bekam es Günther Boetsch 1966 in **Freiburg** zu tun. Der junge Kriminalbeamte war gerade von **Baden-Baden** nach Freiburg versetzt worden und wohnte zur Untermiete ganz in der Nähe der Kripo-Dienststelle im Behördenhochhaus bei der Johanniskirche. Die unmittelbare Nähe zur Arbeitsstelle erwies sich als zweischneidiges Schwert. Einerseits konnte sich Boetsch die Straßenbahn sparen, zum anderen kam es nicht selten vor, dass der junge Kriminalbeamte auch gerne außerhalb der Dienstzeiten bevorzugt zu nächtlichen Einsätzen angefordert wurde. An einen Einsatz erinnert sich Günther Boetsch noch ganz genau:

»Eines Abends, am achten Dezember, kurz vor 20 Uhr, fiel mir ein, dass ich im Büro etwas vergessen hatte, was bei den paar Schritten ja kein Problem war. Ich ging durch den unbeleuchteten Innenhof. Es war kalt, und ganz vereinzelt fielen ein paar Schneeflocken. Ich wollte gerade die rückwärtige Tür aufschließen, als ein Pkw auf den Hof fuhr. Es handelte sich um einen lindgrünen NSU Prinz, eine heute längst vergessene Automarke. Die Fahrertüre öffnete sich und ein etwas korpulenter älterer Mann stieg aus, der sich suchend umschaute.« Neugierig geworden, sprach Günther Boetsch den Mann an. Dieser erklärte zunächst, er müsse zur Kripo, um eine Anzeige zu erstatten. Günther Boetsch gab sich als Kriminalbeamter zu erkennen und bot dem Mann an, ihn an die richtige Stelle zu bringen.

Darauf entgegnete der Mann wortwörtlich: »Ich habe meine Frau umgebracht, da unten im Auto liegt sie.« Das freimütige Geständnis kam doch etwas überraschend. Sicherheitshalber geleitete Boetsch den Mann ins Innere des Gebäudes. Im Schein der Treppenhausbeleuchtung war zu erkennen, »dass der Wintermantel des Mannes großflächig mit Blut verschmiert und mit Pelzhaaren behaftet war. Daraufhin erklärte ich ihm die vorläufige Festnahme und verbrachte ihn direkt zum Kripochef, in dessen Büro noch Licht brannte«. Boetsch lieferte den mutmaßlichen Mörder beim diensthabenden Beamten ab, schilderte ihm kurz den Sachverhalt und schnappte sich einen Handscheinwerfer, um das Auto zu untersuchen. In dem NSU bot sich ihm folgender Anblick:

»Auf der hinteren Sitzbank saß quer mit angezogenen Knien die Leiche einer jüngeren Frau. Der Kopf war nach hinten geneigt. Sie hatte eine klaffende Halswunde, aus der die ebenfalls durchgetrennte Speiseröhre hervortrat. Die Frau war mit einem Pelzmantel und hohen Lederstiefeln bekleidet. In der Bodenwanne des Fahrzeugs hatte sich eine große Blutlache gesammelt.«

Dem ausgebildeten Kriminaltechniker war bekannt, »dass Feuchtigkeit und Nässe Todfeinde der Spurensicherung und der Auswertung sind«. Nach Rücksprache mit dem Chef wurde beschlossen, dass Günther Boetsch den Pkw samt Leiche schnellstmöglich in die Rechtsmedizin verbringen sollte. In der gebotenen Eile »entschloss ich mich dann zu etwas, was eigentlich verboten war«, bekennt Günther Boetsch. »Zum Schutz gegen Spurenüberkreuzungen legte ich Fahrersitz und Beifahrersitz mit Plastikfolie aus und fuhr mit dem Mordfahrzeug mitten durch die Innenstadt zur Rechtsmedizin.« 1966 gab es noch keine Fußgängerzone in der Freiburger Innenstadt, die Kaiser-Josef-Straße war zu dieser Zeit eine Hauptverkehrsstraße. Am Bertoldsbrunnen war Günther Boetsch mit seinem »Leichenwagen« wegen einer roten Ampel zum Anhalten gezwungen. »Ich hoffte inständig, dass von den Linksabbiegern zur Bertoldstraße niemand den schrecklichen Anblick auf dem Rücksitz bemerkte.« Als die Ampel dann endlich auf Grün sprang, ging zu allem Überfluss prompt der Motor aus. »Für mich ein Super-GAU. Was hätten wohl hilfreiche Passanten beim Wegschieben gedacht?« Es gelang Boetsch, »mit ruckelndem Anlasser« von der Kreuzung zu kommen. Endlich sprang der Motor wieder an und der Polizist konnte das Fahrzeug »in der beheizten und gut ausgeleuchteten Tiefgarage des Instituts für Rechtsmedizin« abstellen. Sofort wurde eine umfangreiche Spurensicherung an der Leiche und dem Fahrzeug vorgenommen. Ein Rechtsmediziner stellte umgehend den Tod der Frau fest, »was angesichts der klaffenden Halswunde und des hohen Blutverlustes lediglich eine Formalie war«, so Boetsch.

Nach den Erinnerungen von Günther Boetsch lag dem Verbrechen folgender Sachverhalt zugrunde: Der Täter, ein angesehener Akademiker und Schulleiter, hatte eine wesentliche jüngere Frau geheiratet. »Die Ehe stand unter keinem guten Stern, und es kam zu häufigen Streitereien.« Drei Tage nach der Hochzeit hatte die Frau die gemeinsame Wohnung verlassen, um sich bei einem befreundeten Rechtsanwalt in der Eifel zu erkundigen, ob noch eine Annullierung der Ehe möglich sei oder bereits eine Scheidung infrage käme. Als die Frau wieder zurückkehrte, passte der Ehemann sie am Hauptbahnhof in Freiburg ab und konnte sie zu einer Aussprache in seinem Auto überreden. Im Wageninneren kam es sofort »zu ersten Tätlichkeiten«, wie Boetsch sagt. Danach fuhr der Täter mit seinem Opfer auf den Batzenberg bei **Pfaffenweiler**, »wo es dann in einem Geräteschuppen zur Bluttat kam«. Der Täter würgte die Frau und schnitt ihr schließlich »mit einem scharf geschliffenem Fahrtenmesser die Kehle durch«. Die ermittelnden Beamten konnten am Eingang des Schuppens in einer leichten Schneeverwehung eine große Blutlache feststellen, in der noch viele Haare vom Pelzmantel des Opfers erkennbar waren. Nach dem Mord lud der Täter die Leiche seiner Frau wieder ins Auto und fuhr ziel- und planlos durch die Stadt. Der Mörder wollte zunächst die Tote auf den Geleisen der Höllentalbahn ablegen, um so einen Suizid vorzutäuschen, hatte sich dann aber doch zu einem Geständnis durchgerungen. Diese menschliche Tragödie endete damit, dass sich der Täter nach der Verbüßung seiner Strafe »mit einem zweiadrigen Stromkabel« erhängte, wie sich Günther Boetsch erinnert.

Gelöstes und Ungelöstes

Historischer Mordfall

Die Jahrhundertwende scheint kriminaltechnisch gesehen eine ergiebige Zeit gewesen zu sein. 1904 ereignete sich auf **Freiburger** Gemarkung ein Verbrechen, das die Bevölkerung in Angst und Schrecken versetzt hatte. Am helllichten Tag wurde ein argloser Radfahrer im Mooswald – damals noch Brachland – erschossen. Die Beute: ein wenig Kleingeld und das Fahrrad des Opfers. In Freiburg gab es einen regelrechten Aufstand wegen dieses kaltblütigen Verbrechens, sodass die Justiz alles daransetzte, den Täter dingfest zu machen. Das gelang auch. Der Mörder wurde ein Jahr später bei einer Routinekontrolle in **Mannheim** gefasst und konnte anhand persönlicher Papiere des Opfers – darunter die Quittungen für den Fahrradkauf und den damals noch zwingend vorgeschriebenen Fahrradführerschein – überführt werden. Doch der Verbrecher hatte unverschämtes Glück – vorerst. Denn kurz vor dem geplanten Hinrichtungstermin verstarb der Freiburger Scharfrichter. Angesichts der Schwere des Falles und der Brutalität, mit der der Überfall ausgeübt wurde, sahen die Freiburger Behörden keinen Anlass,

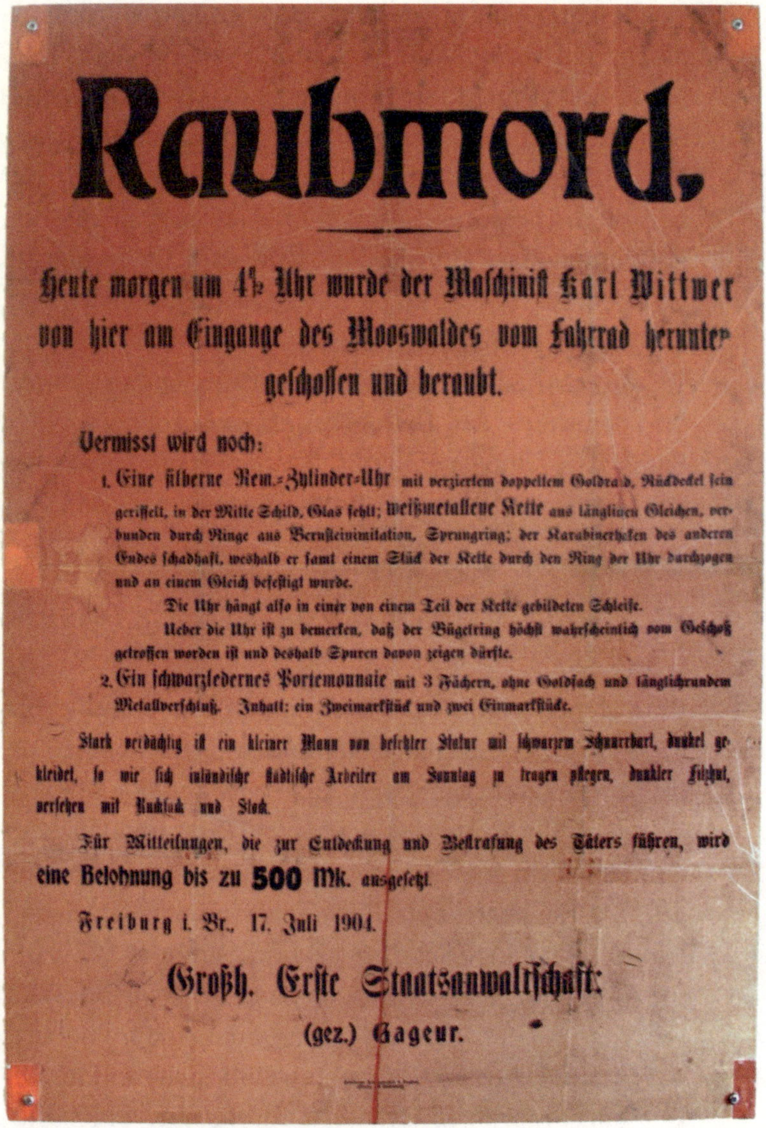

Original Fahndungsplakat der Freiburger Kriminalpolizei aus dem Jahr 1904.

Gnade vor Recht ergehen zu lassen. Also wurde aus **Mainz** ein verfügbarer Scharfrichter herbestellt. Dieser ließ sich nicht lange bitten und reiste umgehend per Bahn mit zwei Gehilfen und eigenem Fallbeil an. Diesen Dienst am Staate ließ sich der Henker auch gut bezahlen. Da seine Tätigkeit in Freiburg zu diesem Zeitpunkt quasi alternativlos war, stieg er im besten Haus am Platz, dem Roten Bären, ab und ließ sich von der Küche nach allen Regeln der Kunst verwöhnen. Tags darauf waltete der Scharfrichter seines Amtes und beförderte den Delinquenten im »Großherzoglich Badischen Landesgefängnis (Central-Strafanstalt)« in der Hermann-Herder-Straße vom Leben zum Tode.

Bonnie and Clyde im Schwarzwald

Die eigene Hochzeit ist nach einhelliger Meinung für die meisten Menschen bekanntlich der schönste Tag im Leben. Dass manche im Überschwang der Gefühle vielleicht doch ein wenig über das Ziel hinausschießen, zeigt ein Fall aus den Polizeiakten aus dem Jahr 1979. Zum perfekten Glück fehlte einem frisch getrauten Paar aus Saarbrücken im Sommer 1979 für die Flitterwochen nur noch das nötige Kleingeld. Kein Problem, dachten sich die beiden wohl, und im Rausch der Gefühle betrat das Paar eine Bankfiliale in **Titisee**. Der abgebrannte Bräutigam forderte mit vorgehaltener Pistole das so dringend benötigte Urlaubsgeld. Die verängstigten Bankangestellten legten den gesamten

Barbestand auf den Tresen – 48 000 D-Mark. Dem Paar gelang die Flucht in einem Pkw, und es setzte seine Flitterwochen fort.

Während der polizeilichen Ermittlungen erinnerte sich ein Polizeimeister vom Polizeiposten Titisee an einen anderen Vorfall vom Vortag, bei dem ein Peugeot-Fahrer angezeigt wurde. Die Personenbeschreibung der Insassen des Peugeot wies eine erstaunliche Ähnlichkeit mit den beiden Bankräubern auf.

Die weiteren Ermittlungen ergaben, dass der Fahrer des verdächtigen Fahrzeugs nur wenige Minuten nach dem Banküberfall einer Polizeistreife aufgefallen war, weil er vor einer Kontrollstelle umkehrte und flüchtete. Später wurde das Fahrzeug auf einem Parkplatz beim Strandbad **Seebrugg** aufgefunden. Die Ermittler legten sich auf die Lauer und observierten den Peugeot geduldig. Nach einiger Zeit machte sich eine Frau an dem Peugeot zu schaffen. Danach begab sie sich gemütlich zum Strandbad, wo ein junger Mann sie bereits erwartete. Beide wiederum wurden kurze Zeit später von den ermittelnden Beamten erwartet und festgenommen. Wie das Protokoll vermerkt, war es nur dem schnellen Handeln der Polizeibeamten zu verdanken, dass der Täter nicht mehr dazu kam, eine entsicherte und geladene Pistole zu ziehen, die in seiner Herrenhandtasche versteckt war. Die geraubten 48 000 D-Mark fanden sich in einer Tragetasche der Frau. Der Peugeot war in Frankreich gestohlen worden.

XY ungelöst – Das Rätsel um Kaspar Hauser

Er ist das berühmteste Findelkind der europäischen Geschichte, um das sich die rätselhaftesten Geschichten ranken. Denn auch nach seinem Tod 1833 ist das Geheimnis, das Kaspar Hauser umgibt, immer noch nicht gelüftet. War er tatsächlich ein Sprössling des Hauses Baden, der beiseitegeschafft wurde, um einer Seitenlinie des Herrschaftshauses den Weg zur Macht freizumachen? Oder war er einfach nur ein Lügner und Hochstapler, der seine Mitmenschen mit einer frei erfundenen Biografie zum Narren hielt? Bis heute scheiden sich die Geister.

Seine Lebensgeschichte jedenfalls liest sich so spannend wie ein Kriminalroman. Am 26. Mai 1828, einem Pfingstmontag, taucht er wie aus dem Nichts auf dem **Nürnberger** Unschlittplatz auf. Niemand weiß, wo er herkommt, niemand versteht die seltsamen Laute, die der Knabe von sich gibt. Nur einer seiner Sätze soll verständlich gewesen sein: »Ä sechtene Reiter möcht i wähn, wie mei Vottä g'wähn is.« Der ominöse Teenager trägt zwei Briefe bei sich; einer davon, in dem sein Geburtsdatum, der 30. April 1812 vermerkt ist, stammt angeblich von seiner Mutter, die behauptet, sein Vater sei ein Reiter beim Nürnberger Regiment; der andere von einem Tagelöhner, der das Findelkind großgezogen haben will. Adressiert ist das Schreiben an Rittmeister Friedrich von Wessenig. Doch der verspürt wenig Lust, sich um den Knaben zu kümmern, und übergibt ihn kurzerhand der Polizei.

Auf der Wache bringt der Junge mit ungelenker Schrift einen Namen zu Papier, unter dem er bald weit über die Grenzen hinaus bekannt werden sollte: »Kaspar Hauser«. Da niemand etwas mit ihm anzufangen weiß, wird er zunächst in den Gefängnisturm »Luginsland« auf der Nürnberger Burg verfrachtet. Bald schon kursieren die ersten Gerüchte, Hauser sei von adeliger Herkunft und habe über Jahre hinweg eine grausige Kindheit im Kerker verbracht. Der Junge wird zur Sensation, alle wollen den »Wilden«, der nur Wasser und Brot zu sich nimmt, mit eigenen Augen sehen. »Jedermann wurde zu ihm gelassen, der ihn zu besehen Lust hatte«, schreibt der Ansbacher Richter Anselm von Feuerbach, der den »Fall Kaspar Hauser« aufklären soll. Dessen Ermittlungen, die ihn auch nach **Karlsruhe** führen, lassen für ihn nur einen Schluss zu: Der Junge ist der in der Wiege vertauschte Sohn des Großherzogs Carl von Baden und seiner Frau Stéphanie und somit Opfer eines Erbfolgestreits im Hause Baden. 1832 veröffentlicht Feuerbach die Schrift »Kaspar Hauser – Beispiel eines Verbrechens am Seelenleben eines Menschen«.

Kaspar Hauser lebt zwischenzeitlich im Haus des Privatgelehrten Georg Friedrich Daumer, wo er auffallend schnell das Sprechen, Lesen und Schreiben erlernt. Allein sein Erinnerungsvermögen ist immer noch lückenhaft; er kann sich weder an seine Peiniger noch an den Ort seiner fast 16-jährigen Gefangenschaft erinnern. Die öffentliche Meinung spaltet sich zunehmend, Anhänger und Gegner der Prinzentheorie liefern sich erbitterte Duelle.

Ein Attentat auf Kaspar Hauser am 17. Oktober 1829 im Haus seines Lehrers gibt erneut Anlass zu wilden Spekulationen. Wer könnte ein Interesse daran haben, den Teenager zum Schweigen zu bringen? War es tatsächlich ein »schwarzer Mann«, der ihm die Verletzung an der Stirn zugefügt hatte, wie Kaspar Hauser behauptet? Oder hat er sich die harmlose Wunde selbst zugefügt, um weiterhin die öffentliche Aufmerksamkeit auf sich zu lenken? König Ludwig I. von Bayern jedenfalls lässt den Jungen unter Polizeischutz stellen, Kaspar Hauser zieht ins Haus seines Vormunds, Gerichtsassessor Gottlieb Freiherr von Tucher.

Im Streit um Kaspar Hauser taucht bald eine neue, höchst fragwürdige Figur auf: Lord Stanhope, ein angeblicher Agent Badens, der dem Jungen teure Geschenke macht, die Vormundschaft für ihn übernimmt und verspricht, Kaspar Hauser zu sich nach England zu holen. Auf Stanhopes Bestreben hin landet Kaspar Hauser 1831 in der Obhut von Johann Meyer, einem Lehrer in **Ansbach**. Das in ganz Europa bekannte Findelkind arbeitet am dortigen Gericht als Aktenkopist – und träumt davon, dass Stanhope endlich sein Versprechen erfüllt. Doch der englische Lord denkt nicht einmal daran. Vielmehr wird er später seinen ehemals »geliebten Adoptivsohn« als Betrüger bezeichnen.

Am 14. Dezember 1833 wird Kaspar Hauser von einem Unbekannten in den Hofgarten des Schlosses

Ansbach bestellt und dort mit einem Dolch niedergestochen. Schwer verwundet schleppt er sich nach Hause und berichtet von dem Attentat. Am Tatort findet sich ein lilafarbener Beutel mit einem in Spiegelschrift verfassten Bekennerschreiben: »Hauser wird es euch ganz genau erzählen können, wie ich aussehe, und woher ich bin. Dem Hauser die Mühe zu ersparen, will ich es euch selber sagen ... Ich komme von der Baierischen Gränze ... Am Fluß ... Ich will euch auch noch den Namen sagen: M.L.Ö.« Drei Tage später erliegt Kaspar Hauser seinen Verletzungen. Unter großer Anteilnahme der Bevölkerung wird er auf dem Ansbacher Friedhof beigesetzt.

Die Zweifel an seiner Geschichte jedoch blieben. Stammte das Geständnis tatsächlich von seinem Mörder? Oder wurde es eigenhändig von Kaspar Hauser verfasst, wie viele mutmaßten? Hat er sich seine Verletzungen selbst zugefügt, um wieder in den Fokus des öffentlichen Interesses zu rücken? Oder wurde der Prinz aus dem Hause Baden, der um den Thron betrogen worden war, endgültig aus dem Weg geschafft?

Licht ins Dunkle sollte 1996 eine DNS-Analyse bringen. Als Grundlage diente Kaspar Hausers blutige Unterhose, die die damals diensthabenden Polizisten als Beweisstück gesichert hatten. Die Blutspuren wurden mit den Genen von weiblichen Nachkommen in direkter Linie der Großherzogin Stéphanie von Baden, eine Adoptivtochter des Kaisers Napoleon und angeblich leibliche Mutter Kaspar Hausers, verglichen. Das Testergebnis schien eindeutig: Hauser konnte demnach nicht aus dem Hause Baden stammen, das Nachrichtenmagazin »Der Spiegel« titelte mit »Der entzauberte Prinz«. Doch wiederum tauchten Fragen über Fragen auf. War es tatsächlich Kaspar Hausers Unterhose, die untersucht wurde? Stammten die Blutflecken wirklich von ihm? Oder hatten übereifrige Mitarbeiter des Museums die Unterhose mit Fremdblut aufgepeppt, um dem Ausstellungsstück mehr Dramatik zu verleihen?

Ein ungelöster Fall: Bis heute sind weder Kaspar Hausers Herkunft noch sein Tod vollständig aufgeklärt.

2002 fand ein erneuter Gentest statt – dieses Mal unter anderem mit einer Haarlocke von Kaspar Hauser, die im Museum aufbewahrt wurde. Auch diese Untersuchung ergab keine eindeutigen Hinweise darauf, wer er wirklich war. Zwei verschwundene Kindersärge aus der Fürstengruft des Hauses Baden zu Pforzheim bereicherten diverse Verschwörungstheorien um ein weiteres Kapitel. Hatte in einem gar jener sterbenskranke Säugling seine letzte Ruhe gefunden, der Großherzog Karl und seiner Frau Stéphanie von einer unbedeutenden Nebenlinie untergeschoben worden sein soll, um an die Herrschaft zu gelangen? Hatte jemand die Särge verschwinden lassen, um eine DNA-Analyse zu verhindern, die Aufschluss darüber geben könnte, ob die Großherzogin nun die Mutter dieses Kindes ist? Oder kamen die Särge in den Wirren der Kriegs- und Nachkriegszeit in der zerstörten Kirche abhanden?

Zumindest für das Haus Baden hätte die Frage nach Kaspar Hausers Herkunft keine Folgen, ist doch die Erbfolge von 1817, als ein Nebenzweig der großherzoglichen Familie die Macht übernahm, rechtlich anerkannt.

Doch immer noch liefert das »Kind für Europa« Stoff für zahlreiche Bücher, Theaterstücke, Lieder und Verfilmungen. »HIC JACET CASPARUS HAUSER AENIGMA SUI TEMPORIS IGNOTA NATIVITAS OCCULTA MORS MDCCCXXXIII – Hier ruht Kaspar Hauser, Rätsel seiner Zeit, unbekannt die Herkunft, geheimnisvoll sein Tod 1833« lautet Kaspar Hausers Grabinschrift. Ein Rätsel ist er bis heute geblieben.

Vergraben und verschwunden

Dank »Aktenzeichen XY« konnte schon so mancher Täter gefasst werden. Eher ungewöhnlich ist hingegen, wenn sich die Gesuchten kurz nach der Ausstrahlung selbst stellen – und zwar just bei einem Hauptkommissar, der in derselben Sendung zu sehen war. So geschehen im Fall des Stuttgarter Geldtransporträubers Roger Hagelganz.

Vor seiner Festnahme war Hagelganz als Transporteur bei einer Sicherheitsfirma angestellt. Bis er am 26. Januar 2004 seinen Kollegen gegen Ende der Fahrt zu einem ungeplanten Halt überredete, als die beiden im Schwäbischen Wald unterwegs waren. Hagelganz, der angeblich Druck auf der Blase verspürte, stieg über die Ladefläche nach hinten aus – und tauchte nicht mehr auf. Als sein Kollege nachschaute, waren mit ihm auch die Tageseinnahmen etlicher Supermärkte, eine halbe Million Euro, verschwunden, die die Männer zuvor eingesammelt hatten. Mit einem am Tatort geparkten Auto war Hagelganz nach **Stuttgart** geflüchtet. Und dort ließ er es ordentlich krachen, bevorzugt in Bordellen, und fuhr mit dem Taxi von Stadt zu Stadt, vermutlich auch nach **Berlin**. Bis er eben in »Aktenzeichen XY« gesucht wurde.

Gingen Roger Hagelganz die Nerven durch, als er sich selbst im Fernsehen sah? Fürchtete er den steigenden Fahndungsdruck? Jedenfalls stellte er sich selbst der Polizei. Der Beamte, bei dem Hagelganz landete, rief sofort bei der Redaktion der Sendung an. »Raten Sie mal, wer gerade neben mir sitzt ... Es ist Roger Hagelganz, er hat sich selbst gestellt. Das war eine schöne Überraschung am Morgen. Das war zwar nicht der Täter, nach dem ich in XY gesucht hatte, aber den habe ich natürlich auch gerne in Empfang genommen«, soll der Polizist laut »Focus online« gesagt haben. So weit, so gut. Täter gefasst – nur, wo war die Beute? Laut Hagelganz gut unter einem Baum im Berliner Tiergarten versteckt. Hagelganz durfte erneut in die Bundeshauptstadt reisen, nur dieses Mal nicht in einem Taxi, sondern in Handschellen, begleitet von zwei schwäbischen Kriminalbeamten. Ziel war das Geldversteck, zu dem sie der Räuber angeblich führen wollte. Was er auch tat. Allerdings vergeblich. Außer einem Haufen Laub unter dem Baum brachte die Schatzsuche nichts zutage. Wollte Hagelganz mit seinem Hinweis die Ermittler bewusst hinters Licht führen, um ein milderes Urteil zu erreichen? Oder hatte er schlicht vergessen, wo sein Schatz verbuddelt war? Ähnlich wie ein Eichhörnchen, das seine vergrabenen Nüsse nicht mehr findet? Hatte ihn am Ende heimlich jemand dabei beobachtet, wie er die Beute vergrub, und das Geld unauffällig an sich genommen? Wie auch immer: Das Geld ist weg. Genauso wie die Millionen, die die »Gentlemen-Ganoven«, die Brüder Sass, in den 1920er Jahren erbeutet und angeblich im Grunewald vergraben haben. Trotz gewaltiger Anstrengungen vieler Schatzsucher blieben auch die unauffindbar.